Don't Be SHY

A MULTIMEDIA CHINESE COURSE
FOR INTERMEDIATE AND ADVANCED LEARNERS

别见外

中高级汉语视听说教程 II

歪果仁研究协会　视频原创

陶家骏（Jiajun Tao）　柴冬临（Donglin Chai）　编著
马鹏飞（Pengfei Ma）

北京大学出版社
PEKING UNIVERSITY PRESS

图书在版编目（CIP）数据

别见外：中高级汉语视听说教程. Ⅱ / 陶家骏，柴冬临，马鹏飞编著. — 北京：北京大学出版社，2022.10

ISBN 978-7-301-32661-9

Ⅰ. ①别… Ⅱ. ①陶… ②柴… ③马… Ⅲ. ①汉语－听说教学－对外汉语教学－教材 Ⅳ. ①H195.4

中国版本图书馆CIP数据核字(2021)第209000号

书　　　名	别见外——中高级汉语视听说教程Ⅱ
	BIEJIANWAI——ZHONG-GAOJI HANYU SHITINGSHUO JIAOCHENG Ⅱ
著作责任者	陶家骏　柴冬临　马鹏飞　编著
责 任 编 辑	路冬月
标 准 书 号	ISBN 978-7-301-32661-9
出 版 发 行	北京大学出版社
地　　　址	北京市海淀区成府路205号　100871
网　　　址	http://www.pup.cn　　新浪微博：@北京大学出版社
电 子 信 箱	zpup@pup.cn
电　　　话	邮购部 010-62752015　发行部 010-62750672
	编辑部 010-62753334
印 刷 者	三河市博文印刷有限公司
经 销 者	新华书店
	889毫米×1194毫米　大16开本　20印张　410千字
	2022年10月第1版　2022年10月第1次印刷
定　　　价	98.00元

未经许可，不得以任何方式复制或抄袭本书之部分或全部内容。

版权所有，侵权必究

举报电话：010-62752024　电子信箱：fd@pup.pku.edu.cn

图书如有印装质量问题，请与出版部联系，电话：010-62756370

前言

一、内容简介

《别见外——中高级汉语视听说教程》（I、II）是21世纪中国进入数字化时代后的一套面向中高级汉语学习者的当代汉语视听说教材。

本套教材视听材料为2017—2019年"歪果仁研究协会"制作的"别见外"系列第一季视频（共12集）。该系列视频以"歪果仁研究协会"会长、以色列友人高佑思的中国职业体验日记为主要内容，以纪录片形式呈现。该系列视频自在中国新媒体平台发布以来，观看次数过亿，反响热烈。高佑思深入中国各地，深度体验外卖员、支教教师、电商、地铁站站务员、列车乘务员、早点铺服务员、搬家公司搬运工、茶叶研究所科技特派员、火锅店服务员、快递员、小卖部店员、机场地服等12种职业，从一个精通汉语的外国人的视角全方位展现了当代中国社会的真实面貌以及普通中国人的日常工作、生活与精神世界。

本套教材以崭新的视角，紧扣"数字化时代的当代中国社会与中国人"这一主题，呈现了中国社会快速变化且丰富多元的生活百态，语言平实生动，内容丰富多彩，话题引人深思，既是学习汉语的优秀多模态语料，也是了解和认识当代中国社会的良好途径。本套教材既可以用于海内外中高级汉语视听说课程，也可以作为中国概况、当代中国社会乃至中国经济等课程的辅助教材，亦可作为学生了解当代中国的视听读物。

此外，本套教材系列视频的名称——"别见外"颇具深意。"别见外"（Don't Be Shy）既是对中国人说的，希望中国人不要将外国人看作"老外"，不要把他们视作不会说汉语、不了解中国的"外人"，在面对外国人时也无须害羞或难为情，应当平等沟通、坦诚相待；同时，"别见外"也是对广大汉语学习者说的，鼓励他们向高佑思学习，在日常生活和工作中主动使用汉语与中国人进行沟通交流。高佑思在这一点上为汉语学习者树立了极好的榜样。从这个意义上来说，这套教材对于帮助学习者激发学习热情、树立学好汉语的信心也必将发挥积极的作用。

不过整套教材仍有不足之处，如采访对象主要聚焦于在城市打工的外地人或最基层百姓上，未能全面反映中国城市人的生活面貌，在以后视频拍摄、课文选择上可以进一步完善。

二、教材特色

1. 学生能观察到真实、客观、自然的中国社会以及普通老百姓平凡、忙碌、温情的生活

状态

在本套教材的系列视频里,高佑思分别体验各种普通职业,足迹遍及中国东西南北、城市乡村,从中国最基层体验和观察社会,向人们还原最真实的生活场景,展现最地道的语言,并通过闪烁着时代光辉的普通职业,打开一扇文化之窗,让全世界感受当代中国最显著的特征和最真实的气象。

2. 学生能学习到在中国社会完成高频生活交际任务的目标表达

很多常见的生活交际任务,比如叫外卖、买早点、收快递等,对非目的语语境下的学生来说是比较陌生却又是生活必需的,这类地道表达也是需要训练的。与教师、中国朋友等学生熟悉的交际对象不同,外卖员、快递员、服务员等因为工作忙碌,语速很快,口音不一,甚至可能需要在嘈杂环境下进行交流,没有丰富经验的学生很难顺利完成这些交际任务,进而会影响到生活和工作的质量。同时,像小卖部、早点铺等看似不起眼儿的场所恰恰是学生了解普通中国人生活、交到新朋友的理想社交地点。学生通过本套教材的学习,可以积累一些恰当的目标表达和聊天儿话题,有助于他们走出校园,在周边社区交上更多的中国朋友。

3. 学生能体会到与中国人打交道时的得体态度以及与不同背景中国人沟通的技巧

高佑思来自以色列,是一名成功的汉语学习者,也是一名广受欢迎的"网红"与创业者,他拍摄的自媒体视频得到了中国网友的高度评价。高佑思的成功之处在于他擅长与中国人聊天儿打交道,真诚地与人交流,为人处事的方式得体大方,给人们留下了极好的印象。"别见外"视频最为人称道的就是中国人与外国人平等相待、坦诚沟通。虽然交际过程中也存在着一些不同文化之间的隔阂,高佑思偶尔也会闹出一些笑话,但是热情开朗的他总是以"不把自己当外人"的执着,真诚地与他所遇到的男女老少亲切攀谈,正是这份勇敢和真诚打动了很多人,也激发了汉语学习者的学习热情。

4. 学生能感受到一个外国人在中国社会不怕挑战、迎难而上的精神

作为视频主角,高佑思虽然家境优越,但他努力上进不娇气,在异国他乡与人合伙创业,不仅亲身体验各行各业的工作,还深入偏远的乡村古镇,不论隆冬盛夏,还是清晨深夜,都能见到他的身影。即便遇到各种挑战,甚至面对旁观者的不理解,他也仍然能够及时调整情绪,继续乐观地坚持下去。这种精神给广大汉语学习者树立了一个优秀的学习榜样。在目标文化环境中做事未必能够一帆风顺,没有任何阻碍,因为汉语学习者需要学好汉语沟通技巧,学以致用,迎接各种挑战。学汉语本身也有诸多挑战,但是只要像高佑思一样认真努力,就一定会得到别人的认可。

三、教材编写理念

本套教材在编写理念上注重吸收借鉴美国俄亥俄州立大学吴伟克教授（Galal Walker）和野田真理教授（Mari Noda）共同提出的"体演文化教学法"（Performed-Culture Approach）。"体演文化教学法"将语言、文化和交际三者有机融合，将文化置于教学的核心位置，以培养外语学习者在目的语文化社区中的参与能力为教学目标，以积累文化故事为教学内容，以体演为学习的主要形式，同时对教师和学生的角色和任务进行了新的界定，打破了传统教学方法以语言要素习得为教学目标的模式，使得培养学生的跨文化交际能力成为可能。[①]

我们认为，高佑思在"别见外"系列视频中的表现在实际上已成功践行了"体演文化教学法"所追求的理念，二者高度契合。本教材遵循"体演文化教学法"，强调运用教材提供的真实场景下地道对话的范本，通过精心设计，让学生在类似的场景下得体地灵活应用，来增强在中国文化环境下的综合交际能力。

四、教材编排设计

本套教材共分12课，每一课即"别见外"系列第一季视频的一集。由于其中不少视频会提到之前某集的经历，整体内容上有着连贯性，因此顺序按照视频发布的先后排列。

每课内容编排如下：

导语：介绍本课视频的背景知识，呈现中国社会的真实状况，帮助学生了解本课主题，激发学习兴趣。

第一部分：课文文本。每课课文根据视频内容和时长分为3大段，每段包括文本、词汇和内容讨论。词汇部分提供拼音、词性和英文注释等，并根据中华人民共和国教育部国家语言文字工作委员会2021年最新发布的《国际中文教育中文水平等级标准》[②]中的词汇级别标注等级。内容讨论包括给出的新问题，也包括学生之间、师生之间自由发挥的问答，由此来训练提问和思考的能力。

作为地道的真实口语语料，"别见外"系列视频中不免存在少数偏误、口误或离开视频句子不容易理解等情况，课文作如下处理：首先，为方便教师教授规范普通话，课文用

[①] 秦希贞（2017）《中美跨文化交际误解分析与体演文化教学法》，北京：外语教学与研究出版社，第126页。

[②] 中华人民共和国教育部国家语言文字工作委员会（2021）《国际中文教育中文水平等级标准》，北京：北京语言大学出版社，第36—169页。

带*号的灰色小字标出偏误之处,并通过方括号补充纠正,例如原话:十点半来了。课文:十点半*来[到]了。这类偏误往往具有普遍性,教师应予以重视。其次,个别地方没有出现偏误,但为帮助学习者理解文意,用圆括号补出了省略的内容,例如原话:那我们来装。课文:那我们来(把货品)装(到电梯里)。再次,对于可能会造成学习者误解的口误等也予以必要的修正。最后,对于可以通过情境理解,不会造成学习者误解的口误、不成句等情况不做处理。另外,因剪辑问题每段视频时长,可能与教材上标注的时间略有出入。

第二部分:语言点与练习。在语言点注释方面,注意借鉴北京语言大学冯胜利教授提出的"三一语法"(Trinitarian Grammar)这一新型二语教学语法体系。展示句子的形式结构、结构的功能作用和功能的典型语境,便于教师教学。① 此外,特别关注高佑思等在"别见外"视频中出现的真实偏误,专门对相关词语进行比较分析,选用的例句以对话为主,重在展现典型交际场景,以便学生模仿表演。练习部分有填空、配对和完成对话,着重对常用词汇和语法进行操练。

第三部分:情境重现与口头叙述。情境重现由师生根据提示合理演绎视频中的情境,重在训练学生站在视频中不同人物的角度,使用目标表达,完成交际任务。口头叙述训练学生复述视频中值得分享的片段,教师不仅要关注复述的准确度、流利度,还要引导叙述的连贯性和逻辑合理性,避免产生大量单句的简单堆砌。教师可以要求学生从观众的视角进行复述,也可以要求学生以视频中人物的角度进行复述,还可以让学生用某一主题来组织叙述(比如"最让人感动的是……")。

第四部分:跨文化访谈。通过人物访谈训练学生反思、总结和表达的能力,同时训练学生进行中外比较和个人观点的表达,流畅地跟同学、朋友分享自己国家的情况,恰当地表达自己对于社会现象的理解和观点。

---

① 语言点释义参考资料:

《成语大词典》编委会(2019)《成语大词典》(最新修订版),北京:商务印书馆。

冯胜利、施春宏(2015)《三一语法:结构·功能·语境——初中级汉语语法点教学指南》,北京:北京大学出版社。

吕叔湘(1999)《现代汉语八百词》(增订本),北京:商务印书馆。

中国社会科学院语言研究所(2020)《新华字典》(第12版),北京:商务印书馆。

中国社会科学院语言研究所词典编辑室(2016)《现代汉语词典》(第7版),北京:商务印书馆。

Kubler, Cornelius. 2016. *Intermediate Spoken Chinese: A Practical Approach to Fluency in Spoken Mandarin.* Tuttle Publishing.

Kubler, Cornelius. 2017. *Basic Mandarin Chinese: Speaking and Listening.* Tuttle Publishing.

https://resources.allsetlearning.com/chinese/grammar/Main_Page(访问日期:2021-6-7).

https://wenlin.com/zh-hant(访问日期:2021-6-7).

第五部分：课外实践与文化拓展。课外实践主要是知行合一，请学生运用从视频里学到的知识在生活中进行实践，要求回到课堂做口头报告，教师和同学给予反馈。文化拓展强调针对本课的主题进行深化，对相应的中国文化现象进行具有一定深度的解读，帮助学生理解现象背后的实质。

以上内容可由教师根据实际情况进行选用和改进。此外，为便于教学，教材所附视频有两个版本：一个是带字幕的，另一个是不带字幕的，可根据需要使用。本套教材课文是依据视频实录的，与原版字幕在极少数地方存在一些差异，也请读者留意。

五、教材试用反馈

本套教材初稿曾分别于2019、2020年秋季在苏州大学文学院汉语言文学专业一年级本科留学生汉语视听说课中试用[1]，任课教师分别为马鹏飞、李国印，学生人数共计22名，分别来自韩国、老挝、塔吉克斯坦、亚美尼亚、波黑、喀麦隆、毛里塔尼亚等7个国家。课程结束后，编写团队通过深度访谈方式，获取了留学生的反馈，详列于下，供读者参考。

1. 视听材料方面

（1）内容有趣，时长适中，不会长到让人忘记内容；难度合适，虽然有5级及以上的词语，但视听等多模态的输入方式有助于学习者在真实情境中理解词句的意思，从而能够把握视听材料中人物的交际意图。

（2）羡慕高佑思的体验内容，希望今后能像高佑思一样体验中国人的工作和生活。

（3）高佑思的外国口音听起来不但不会觉得不正宗，反而会觉得很亲切。虽然高佑思说的话偶尔会有语病，但这让学生觉得很真实。学生认为更重要的是应像高佑思一样大胆与中国人交际，而不是怕说错、怕说不流利，导致不敢与中国人交际。

（4）学生认为学习者对中国社会的认知过程应像高佑思一样，在体验中国生活并与中国人打交道后，再发表看法，这样的观点才有说服力和深度。

（5）视听材料内容与在中国的学习生活密切相关，对掌握符合中国文化特点的交际策略有很大的帮助。

（6）视听材料内容让学生了解了当代中国社会的真实情况，比如通过春运了解了中国人的习俗，通过外卖小哥的工作了解了他们的辛苦与不易。

2. 词汇和语法点方面

（1）通过视听材料学到的词汇和语法非常实用，能够运用到生活中，而不只是用于

---

[1] 2020年秋季受新冠肺炎疫情影响，采取线上教学。

考试。

（2）教师在教授语法时，强调了结构、语体等使用注意事项，易于掌握。

（3）教师对高佑思等外国人说的中文中出现的常见偏误的讲解，非常有用。

（4）视听材料比较适合已达到4级或5级的中高级学生，可能偶尔会有一些词语不易理解，但对整体的剧情理解不构成太大影响。

3. 练习方面

（1）情境重现练习帮助学生预演了和中国人交际的过程，有助于学生提前适应和中国人交际的节奏。

（2）学生认为体演的方式非常有趣，通过体演，他们能对交际过程有更深刻的印象。

（3）人物访谈让学生发现针对同一个问题有着不同的思考角度，了解了不同的观点。

六、致谢

本教材的编写和出版得到了北京大学出版社和"歪果仁研究协会"的大力支持，特别感谢责任编辑从选题申报到出版整个过程中给予编写团队的鼎力支持，感谢苏州大学海外教育学院陆庆和教授校读全书后提出的许多宝贵的修改建议，感谢试用教材的马鹏飞、李国印两位年轻教师提供的高质量的反馈意见，感谢宜春学院袁文莉老师在校对过程中给予的帮助。由于编写者水平有限，教材中如有谬误之处，恳请读者批评指正。

特别令编写团队感动的是，2020年1月疫情在中国湖北肆虐，身在以色列的高佑思心系疫情，动员各方力量，通过各界帮助，积极奔走，为湖北筹措捐赠了10万只口罩、5万双医用手套、2000套医用手术服等宝贵医用物资，为湖北抗疫做出了巨大贡献，在此，编写团队谨向高佑思致以崇高敬意和衷心感谢！

略语表

adj.	adjective	xíngróngcí	形容词
adv.	adverb	fùcí	副词
aux.v.	auxiliary verb	zhùdòngcí	助动词（情态动词 qíngtài dòngcí、能愿动词 néngyuàn dòngcí）
conj.	conjunction	liáncí	连词
int.	interjection	tàncí	叹词
m.	measure word	liàngcí	量词
n.	noun	míngcí	名词
num.	numeral	shùcí	数词
on.	onomatopoeia	nǐshēngcí	拟声词
part.	particle	yǔqì zhùcí	助词
p.n.	proper noun	zhuānyǒu míngcí	专有名词
pref.	prefix	qiánzhuì	前缀
prep.	preposition	jiècí	介词
pron.	pronoun	dàicí	代词
suf.	suffix	hòuzhuì	后缀
v.	verb	dòngcí	动词

目录
CONTENTS

第 7 课
这个活儿太累了
1

第 8 课
不如吃茶去
45

第 10 课
古城里的快递员
139

第 9 课
中秋节前的羊蝎子店
95

第 11 课
小学旁的"老卖部"
177

第 12 课
机场出发口的百式人生
225

生词总表
267

ZHÈGE HUÓR TÀI LÈI LE

这个活儿太累了

第 7 课

完整视频

导 语

　　"北漂"是指从其他地方到北京生活和工作的人,他们没有北京户口,因此不能享受当地市民在买房、买车、子女教育等方面的一些福利。2019年北京有794.3万"北漂",其中不少"北漂"赚的是最低工资,住的是狭小的合租房。很多"北漂"不仅在生活上缺少依靠,在精神上也缺乏对城市的归属感。根据2016年的一项统计,有23.76%的"北漂"是"月光族",他们每个月都存不下来钱;有67.33%的"北漂"认为北京的房价和房租过高。此外,许多"北漂"每天要花费三四个小时上下班。不少"北漂"也曾经想过回到家乡,但大部分还是坚持留在北京,因为和他们的家乡相比,北京能够提供更多的发展机会,有可能帮助他们实现梦想。

　　"北漂"们的日常工作和生活究竟是怎样的呢?让我们跟着高佑思一起来体验一下吧!

　　The term "Beijing Floaters" usually refers to migrants to Beijing from other provinces without Beijing household registration (**hùkǒu**) who therefore can't receive certain government-administered benefits, such as home ownership, vehicle registration, and public education for their children. In 2019 there were 7.943 million "Beijing Floaters". Many of them earned minimal wages and ended up living communally with many others in hostel-style shared apartments. They financially lack support and emotionally lack a sense of belonging to the city of Beijing. Figures for 2016 shows that 23.76% of "Beijing Floaters" are unable to put any money into monthly savings. 67.33% of them feel that the housing market and apartment rent are too expensive. Additionally, many spend three to four hours commuting daily. Some want to return to their hometowns, but the majority choose to stay in Beijing since it is a city with many more opportunities than their hometowns, and they feel they are more likely to achieve their dreams there.

　　What are the daily work and lives of "Beijing Floaters" like? Let's check it out with Gao Yousi!

PART 1
第一部分

准备内容

1. 观看视频，对照文本和词语，思考问题。
2. 自己准备几个问题（语言和文化都准备几个）。

课堂活动

1. 学生提问，其他同学和老师回答。
2. 老师对学生进行提问。

视频第一段 （开始—3分40秒）

[1]

高佑思：外卖小哥，从早上八点到凌晨一点，一直在奔跑。四十（单）以上？火车的工作人员，我是三十一

[个]小时在车上,基本上没睡觉。开网店的时候,我们足足折腾了一个月,(卖了)不到二十条。早餐店铺这边,我记得我们凌晨两点起床,然后开始准备东西。这种[日子]已经没啦,因为今天我要体验的职业是在下午一点半上班。噢耶!

高佑思:我们帮她搬到新的家,是吧?不要碰地上。

王师傅:她有几个大件?

高佑思:你有什么东西在里面?是这里吗?这个太重[了]。It's too heavy. Oh my God!

[2]

高佑思:欸,师傅,你好!

王师傅:你好!

高佑思:我是高佑思。今天我要跟你一起干活儿。

王师傅:好的,好的!没问题,没问题!

高佑思:我又来体验一*次[个]新的职业。这次我要帮别人搬家,还是非常有意思的体验。因为我看到那么多年轻人都有这个需要,无论你要毕业了*或者[还是]你要换工作,甚至你要搬到新的城市,都需要把你所有东西搬过去,所以我今天会专门去体验一个搬家公司的工作流程,然后看看能不能帮*忙从他们[从]原来的家搬到新的家。

高佑思:你已经干这个多久*啊[了]?

王师傅：去年年初。

高佑思：那你以前做什么的？

王师傅：之前……厨师。

高佑思：厨师？

王师傅：对。

高佑思：（做）什么菜？

王师傅：鲁菜。

高佑思：啊？

王师傅：鲁菜。

高佑思：吕菜？

王师傅：鲁菜。

高佑思：绿菜？啊，卤肉饭。那为什么选择开始做这个行业？

王师傅：体验各种职业吧。

高佑思：啊！跟我一样哦！

高姓搬家师傅这次又会遇到什么故事？

[3]

14：30 北苑某小区

高佑思：在哪里？我看不到。

王师傅：在那里，看到了吗？5002、5003。

高佑思：你好，你好！我是为你服务的。

高佑思：几层？

王师傅：五层，是吧？

高佑思：我们要爬五层吗？

王师傅：对。

客户A：这里面是我所有的东西。

王师傅：就这几个，是吗？

客户A：对。

王师傅：（我）拎这个。

高佑思：其他我来。

客户A：这个可能不太结实。

王师傅：没事没事，我拿（这个）。重不重？

高佑思：好重啊！最近不怎么运动，就[有一点儿]疼*了一点儿。要拍照，是吗？

王师傅：对，要拍照。

高佑思：自拍吗？

王师傅：要拍（货品）……

王师傅：那我们一起走吧！

高佑思：所以你家人也在北京？

客户A：嗯，对！我们家是在房山，也是郊区。

高佑思：啊，还是挺远的。但是你已经很久不跟他们一块儿住，是吧？还是最近才……

客户A：没有，就是星期五下班会回家，然后星期一再回市里上班。

高佑思：是这样子。

客户A：对。

15:58 抵达顺义某小区

高佑思：啊，我们到了啊。我来（拿）这*里[些]，然后你……你先来……

王师傅：啊，我来那两个。

高佑思：（搬）两轮吧？好。

王师傅：好。没了，没了。

高佑思：没了。OK，那我们来（把货品）装（到电梯里）。

高佑思：OK，你的东西都收拾好了。一、二、三、四。

客户A：已经很完美了，谢谢。

高佑思：那我和王师傅就先走了，我们还有别的单子。

客户A：好的。

词 汇

| 活儿 | huór | [n.] | [7-9级] | (labor) work |

--- [1] ---

折腾	zhēteng	[v.]	[7-9级]	repeat some meaningless and unnecessary work
店铺	diànpù	[n.]		store; shop
日子	rìzi	[n.]	[2级]	days
职业	zhíyè	[n.]	[3级]	profession; occupation
师傅	shīfu	[n.]	[5级]	a polite term of address for a skilled labor worker
大件	dàjiàn	[n.]		big piece (of luggage)

--- [2] ---

搬家	bān jiā		[3级]	move place of residence
厨师	chúshī	[n.]	[6级]	cook; chef
鲁菜	lǔcài	[n.]		Shandong cuisine, one of the eight culinary traditions of Chinese cuisine (鲁 [ab.缩写] Shandong Province)
卤肉饭	lǔròufàn	[n.]		Taiwan braised pork rice

--- [3] ---

| 小区 | xiǎoqū | [n.] | [7-9级] | residential area |
| 爬 | pá | [v.] | [2级] | climb |

拎	līn	[v.]	[7-9级]	carry/lift with hand
结实	jiēshi	[adj.]	[3级]	solid; durable
拍照	pāi zhào		[4级]	take a photo
自拍	zìpāi	[v.]		take a selfie
货品	huòpǐn	[n.]		goods; products
是	shì	[v.]		(clarify a point; can be omitted)
房山	Fángshān	[p.n.]		Fangshan District of Beijing
郊区	jiāoqū	[n.]	[5级]	suburbs; outskirts
这样子	zhèyàngzi	[pron.]		this manner; this look

——— [4] ———

| 顺义 | Shùnyì | [p.n.] | | Shunyi District of Beijing |
| 装 | zhuāng | [v.] | [2级] | load |

问题

1. 高佑思觉得帮人搬家跟之前体验过的职业有什么不一样？

2. 搬家的工作流程是什么？

3. 王师傅在介绍他以前职业的时候，高佑思听错了什么？

视频第二段 （3分40秒—8分35秒）

[5]

正值北京晚高峰，二人只能尽快赶到下一单地址。

17：52 开始第二单搬运

高佑思： 你好，我是今天你[的]搬家师傅。

由于顾客的要求，我们对面部进行了模糊处理。

王师傅： 几楼啊？

客户B： 六楼。

高佑思： 没有电梯？

客户B： 没有。

高佑思： 好好好。

高佑思：哇！真的[要]到六层。我来这两个,你来一个。

高佑思：一二三。你在这里住了多久啊?

客户B：半年吧。

高佑思：半年*都*[就]要搬家啦?

客户B：对呀。

高佑思：为什么?工作原因吗?

客户B：对。

高佑思：为什么来北京?

客户B：没有为什么,就大城市嘛!

高佑思：大城市。

客户B：毕业之后就想来大城市闯荡一下。

高佑思：在北京,年轻人都会搬*家*那么多次[家]吗?

客户B：对呀,很少有住的时间特别长的。工作也是不稳定的,住的也是不稳定的,所以随时可能(搬家)。各个方面原因吧,都会搬家。

高佑思：王师傅,一般搬家的人都是……

王师傅：一般都是年轻的,出来打拼的。

高佑思：是这样。

[6]

19：00 抵达第二单目的地

高佑思：你就告诉我放哪儿，OK？

邻　居：为啥不把东西先往外挪呢？确信这是在搬家吗？还是在摆拍啊？

高佑思：欸欸！我没有对你们不好，我们就是着急，客人一直在要我们[把]东西[搬]上去。[我们]去了二十六层，然后她不在，所以我们就很焦虑，就下去了。

邻　居：好。

高佑思：对，不是对你们不好。不好意思，麻烦你们这次。

邻　居：哦，没事。

高佑思：嗯，下次不会这样子了。Oh my God! 吵架了！

王师傅：那我们下去了？

客户B：啊，行！你们下去吧！

高佑思：好啦。搬家顺利，然后一切顺利。拜拜，拜拜。

王师傅：拜拜，拜拜。

高佑思：那个女士的意思是她不太想让我们上去。

王师傅：对对对，不想让我们往下拍了。

高佑思：对！但是本来我们应该等她一下。

王师傅：对对对，能理解，能理解。

高佑思：没关系。

[7]

时间过得很快,夜幕已经降临,第一天的工作一直在路上。

简单的程序,不松懈的搬运,第一天的工作只是热身。

[8]

第二天下午一行人又开始了搬家的流程。

高佑思: 坐了三个小时(车)都没吃饭。现在下午四点多都没吃饭。你好!

高佑思: 你好!

客户C: 你好,你好!

高佑思: [今天]很高兴能[为你]服务*你今天。

客户C: 我在六楼。

王师傅: 走走走。哇!爬楼梯!

高佑思: 没有电梯吗?

客户C: 没有电梯,每天都这么爬。

高佑思: 锻炼身体。坐了那么久的车,我*就现在[就]没劲儿[了]。我也马上要毕业了,我今年大四。

客户C: 天啊!

高佑思: 所以我也跟你感觉一样,我们都要毕业,都要搬家。好!啊,还行,我先搬下去啊。

摄像师: 整个人感觉被掏空,是吧?有这么夸张吗?

高佑思： 这两个你要试一下吗？

摄像师： I don't want.

高佑思： 你现在感觉怎么样？

客户C： 现在感觉就是……

高佑思： 舍不得吗？

客户C： 首先，没有学业了，会有点儿轻松，但是以后要步入社会，所以感觉其实压力是比以前还要大。

高佑思： 是吗？

[9]

高佑思： 衡水。

客户C： 我的家乡是衡水市，然后我是衡水中学毕业的。

高佑思： 哇哦！这个是一个我们外国人都知道，是比较著名的一个学校。

客户C： 对！我们每天的生活很……说得简单点儿，就是很规律。然后，如果说得稍微复杂一点儿，就是比较军事化。他们从每天早上五点半开始，除了上课是不会响铃，其他的什么早预备、早读各种铃，一共每天有三十多道。

高佑思： Oh my God!

客户C： 三十多个铃，所以你如果不在这个时间去做学校规定你去做的事，那你就会……You will be punished.

高佑思： Wow, this is crazy!

[10]

客户C：好，我来开门。

高佑思：这里真的有新家的味道。你*就让我想到我自己也要毕业了。Oh my God!

客户C：如果要是在北京的话，就可能会面临一系列的这样的问题。

高佑思：别把所有东西都看成问题。期待一下，开心一点儿！

高佑思：这个工作真的太累[了]。It is very very very exhausting.

摄像师：如果你回家，第一件事情要干吗？

高佑思：什么都不做，就直接躺在床上。

词 汇

[5]

正	zhèng	[adv.]	[3级]	(expressing a coincidence) happen to
值	zhí	[v.]	[3级]	come upon
晚高峰	wǎngāofēng	[n.]	[6级]	evening rush hour
尽快	jǐnkuài	[adv.]	[4级]	as quick as possible
搬运	bānyùn	[v.]		transport
由于	yóuyú	[prep.]	[3级]	due to

面部	miànbù	[n.]	[7-9级]	face area
模糊	móhu	[adj.]	[5级]	blur; obscure
处理	chǔlǐ	[v.]	[3级]	treat
原因	yuányīn	[n.]	[2级]	cause; reason
闯荡	chuǎngdàng	[v.]		make a living wandering from place to place
稳定	wěndìng	[adj.]	[4级]	stable
随时	suíshí	[adv.]	[2级]	whenever necessary; as occasion demands
打拼	dǎpīn	[v.]		work hard to pursue a career

[6]

挪	nuó	[v.]	[7-9级]	move something from one place to another
确信	quèxìn	[v.]	[7-9级]	be sure
摆拍	bǎipāi	[v.]		stage photography
焦虑	jiāolǜ	[adj.]	[7-9级]	anxious
吵架	chǎo jià		[3级]	fight; quarrel; argue
女士	nǚshì	[n.]	[4级]	lady

[7]

夜幕	yèmù	[n.]		curtain of night
降临	jiànglín	[v.]	[7-9级]	(night, fortune, opportunity) fall
程序	chéngxù	[n.]	[4级]	procedure

松懈	sōngxiè	[adj.]		slack
热身	rè shēn			warm up

[8]

一行	yìxíng	[n.]	[6级]	a group of (people who travel together)
锻炼	duànliàn	[v.]	[4级]	engage in physical exercise
劲儿	jìnr	[n.]		strength; energy
夸张	kuāzhāng	[adj.]	[7-9级]	exaggerated; overstated
学业	xuéyè	[n.]	[7-9级]	academic career; studies
步入	bùrù	[v.]	[7-9级]	step into (society, conference hall)
社会	shèhuì	[n.]	[3级]	society

[9]

衡水	Héngshuǐ	[p.n.]		Hengshui (in Hebei Province)
规律	guīlǜ	[adj.]	[4级]	regular
军事	jūnshì	[n.]	[6级]	military affairs
响铃	xiǎng líng			ring a bell (响[2级])
早预备	zǎoyùbèi	[n.]		the morning preparatory for class
早读	zǎodú	[n.]		reading in the morning
规定	guīdìng	[v.]	[3级]	regulate

[10]

味道	wèidào	[n.]	[2级]	smell; feeling
要是	yàoshì	[conj.]	[3级]	if
一系列	yíxìliè	[adj.]	[7-9级]	a series of
看成	kànchéng		[5级]	take as; regard as
期待	qīdài	[v.]	[4级]	look forward to
躺	tǎng	[v.]	[4级]	lie down

问 题

1. 为什么在北京的年轻人会搬很多次家？

2. 第二单的时候，高佑思在电梯口跟路人发生了什么事？

3. 衡水中学每天的生活是什么样的？

小调查

在网络上查一查，衡水中学在哪儿？是什么样的学校？大家对衡水中学有什么样的评价？

视频第三段 （8分35秒—14分29秒）

[11]

高佑思：感觉这个是唯一休息时间。在车上我根本不[能]休息，不舒服。哎呀！

高佑思：我来，我来。你们[是]本科生还是……

客户D：我研究生。

高佑思：研究生毕业？

客户D：对。

高佑思：感觉怎么样？要离开学校了。下一步是什么？

客户D：工作。

高佑思：有什么感觉？

客户D：比较忧伤。

高佑思：忧伤？你*挺[不]期待吗？

客户D：不想离开学校，但也想工作。两边都很矛盾。

高佑思：很矛盾。是不是觉得学校生活比较……

客户D：自由！

高佑思：自由一点儿。

客户D：这是一个人的。

高佑思：这是一个人的？

客户D：对！

高佑思：还得……还有……

客户D：还有一个人。

客户D：我女朋友。

高佑思：出去一起住，是吧？

女朋友：对！

客户D：这帅哥你猜哪儿的？

女朋友：你哪里人啊？

客户D：北大，高才生。

高佑思：这不重要。

王师傅：放在这里，对！

高佑思：正好在这儿。这个是化妆品。

高佑思：你们是一个系的吗？还是……

客户D：一个学院的。

高佑思：一个学院的啊。那很方便，可以互相帮忙。

客户D： 对！

高佑思： 有多幸福！

女朋友： 就这么被我"拐走"了。

朋　友： 不多说啦，不多说啦！

朋　友： 又不是分离，就在北京。

王师傅： 不要哭，不要哭。

朋　友： 过两天又去找他玩儿了。

[12]

六月份是毕业的季节。校园里的流年，都随着搬运的车辆，打包、封装，驶向下一个地方。

客户D： 我们算最早一批出来[的]*了。

高佑思： 是吗？

客户D： 因为……

高佑思： 有的同学还在。

客户D： 对！因为他们还没开始工作。我工作比较早，所以需要早点儿出来。

高佑思： 感觉怎么样？跟学校的那个节奏（比起来），是不是……

客户D： 打卡。

高佑思： 打卡必须按时到，不打就不行。

客户D：对！最大的问题就是这个。

高佑思：哇哦！六层？No! Please, please! No! 接下来如果我活不下去……

王师傅：对。

高佑思：我爱你。

王师傅：你不用爱我。

高佑思：OK! Come on! Oh, God！一二三！

高佑思：这个好沉！

王师傅：这个太重了！

高佑思：辛苦啦。

高佑思：不好意思，（我）先上去。

高佑思：这个太重[了]！This is too heavy!

高佑思：你看！I'm too tired! 好累！真的累！

[13]

客户D：谢谢，谢谢！真的很感谢！

高佑思：你也，你也……看，你也出汗了。

客户D：我要一个人绝对完不成。

高佑思：我觉得我们……开心吗，新的家？舒服吗？

女朋友：开心！

高佑思：开心！

高佑思：你们觉得（以后）会顺利吗？一起住，期待这个？

女朋友：没问题！对不对？

高佑思：太好了！

女朋友：辛苦你们了，辛苦你们了。满头大汗。

王师傅：走了。

高佑思：好，我们先走了。OK! 好好儿休息！See you, brother.

客户D：王哥，辛苦了。

女朋友：谢谢。拜拜。

高佑思：拜拜。

[14]

高佑思：我觉得我做这个工作老了，老了好几岁。

王师傅：老了。

高佑思：我想象当中是一个大的车子，然后大家都*全[一起]搬家，然后把所有家里的东西[都搬走]。但是你想一想，我们今天服务的人都是可能住在一个小公寓或者宿舍里面，然后他们搬到社会[上]，搬到城市里，去一些新的*一个公寓。我以前*没有对搬家[没]有什么概念，就觉得"啊，我就搬一下"。但其实大家的心情，大家的那种生活状态都变[了]，你的环境都变了。那个，感觉他们都开始新的一步[了]，然后我也是，我也是吧。I am also...

[15]

王师傅说:"搬家的人一般都是来城市打拼的年轻人。"他们带着行李,走向下一处驿站。

城市现实下的年轻人,迁移、停留、再迁移,身体上短暂的驻足,心灵却始终在游牧。

生活与未来的不确定,是困扰,也是期许,他们带着行李,嵌入时代的流动之中。

鸣谢:58速运提供支持。

词 汇

[11]

唯一	wéiyī	[adj.]	[5级]	only
根本	gēnběn	[adv.]	[3级]	at all
本科生	běnkēshēng	[n.]		undergraduate student (本科[4级])
研究生	yánjiūshēng	[n.]	[4级]	graduate student
离开	líkāi		[2级]	leave; depart
下一步	xià yí bù			next step
忧伤	yōushāng	[adj.]		sad; distressed
两边	liǎngbiān	[n.]	[4级]	both sides/directions/parties
自由	zìyóu	[adj.]	[2级]	free; unrestrained
帅哥	shuàigē	[n.]	[4级]	handsome young man

猜	cāi	[v.]	[5级]	guess
北大	Běidà	[p.n.]		北京大学 Běijīng Dàxué Peking University
高才生	gāocáishēng	[n.]		outstanding student
正好	zhènghǎo	[adv.]	[2级]	it just happens that...
化妆品	huàzhuāngpǐn	[n.]		cosmetics (化妆[7-9级])
系	xì	[n.]	[3级]	department (within a college)
学院	xuéyuàn	[n.]	[1级]	college
互相	hùxiāng	[adv.]	[3级]	mutually; each other
多	duō	[adv.]		to what degree; how...
拐走	guǎizǒu			take (someone) away illegally by force or deception (拐[6级])
分离	fēnlí	[v.]	[5级]	separate

[12]

六月份	liù yuèfèn			June (not followed by the day of the month) (月份[2级])
流年	liúnián	[n.]		(wr.书面语) fleeting time
随着	suízhe	[prep.]	[5级]	along with (an event)
打包	dǎ bāo		[5级]	pack
封装	fēngzhuāng	[v.]		package and seal
驶向	shǐ xiàng			drive/go toward to
比起来	bǐ qǐlai			compare
打卡	dǎ kǎ			clock in (register one's arrival)

| 按时 | ànshí | [adv.] | [4级] | on time/schedule |
| 活不下去 | huó bu xiàqù | | | lack the means/strength/will to live on |

[13]

出汗	chū hàn		[5级]	sweat
绝对	juéduì	[adv.]	[3级]	absolutely
完不成	wánbuchéng			can't finish (a task/etc.)
满头大汗	mǎntóu dàhàn			(lit. entire-head-big-sweat) covered in sweat

[14]

搬走	bānzǒu			move/take away
公寓	gōngyù	[n.]	[7-9级]	apartment
宿舍	sùshè	[n.]	[5级]	dormitory
概念	gàiniàn	[n.]	[3级]	concept; idea
心情	xīnqíng	[n.]	[2级]	state of mind; mood
状态	zhuàngtài	[n.]	[3级]	status; condition

[15]

行李	xíngli	[n.]	[3级]	luggage
处	chù	[m.]	[4级]	(for homesteads)
驿站	yìzhàn	[n.]		courier station
现实	xiànshí	[n.]	[3级]	reality

迁移	qiānyí	[v.]	[7-9级]	migrate
停留	tíngliú	[v.]	[5级]	stop over during a journey; remain (at a certain stage)
短暂	duǎnzàn	[adj.]	[7-9级]	momentary
驻足	zhùzú	[v.]		halt; stop
心灵	xīnlíng	[n.]	[6级]	soul; spirit; mind
始终	shǐzhōng	[adv.]	[3级]	from beginning to end
游牧	yóumù	[v.]		move about in search of pasture
困扰	kùnrǎo	[v.]		perplex; puzzle
期许	qīxǔ	[v.]		(wr.书面语) hope (for younger generation)
嵌入	qiànrù			implant; embed
时代	shídài	[n.]	[3级]	era
之中	zhī zhōng		[5级]	among; within
提供	tígōng	[v.]	[4级]	provide

问题

1. 客户D对什么感到很矛盾？为什么？

2. 客户D向他的女朋友介绍高佑思是北大高才生时，高佑思是怎么回答的？为什么这么回答？

3. 高佑思的这次搬家体验跟他想象中的有什么不一样？

PART 2
第二部分

准备内容

1. 学习语言点,熟读课文例句及其他例句。
2. 完成书面练习。

课堂活动

1. 讨论语言点例释,流利地表演例句情境。
2. 讨论书面练习。

语言点

1 足足 zúzú

副词**足足**强调达到某个数量,可以用在动词、形容词的前面或后面,并和数量短语连用。

足足+V/Adj.(+了)+数量短语

V/Adj.(+了)+**足足**+数量短语

The adverb **zúzú** emphasizes fully achieving a certain amount. It can be used before or after a verb or an adjective, and must be followed by a quantity phrase.

zúzú+V/Adj. (+le)+[Quantity Phrase]

V/Adj. (+le)+**zúzú**+[Quantity Phrase]

[1] 高佑思:开网店的时候,我们足足折腾了一个月,(卖了)不到二十条。

(1)朋友A:这个西瓜足足有二十斤,太重了!

朋友B:那我们挑个小点儿的吧。

（2）朋友A：你好像胖了，是吗？

　　　朋友B：可不是，过了一个暑假，我足足胖了十斤！

（3）室友A：你说的那家奶茶店要排队吗？

　　　室友B：要的，我昨天排了足足一个小时。

（4）室友A：你男朋友看起来好年轻啊！

　　　室友B：哪里，他比我大了足足七岁呢。

2 轮 lún

轮是量词，用于循环的事物或动作，如比赛、选秀、谈判、投资等。

Lún is a measure word that means "round", and can be used for rounds of competitive games, talent searches, negotiations, and funding rounds.

[4] 高佑思：（搬）两轮吧？

（1）第一轮比赛昨天已经结束了，今天是第二轮。

（2）科比在1996年选秀第一轮被夏洛特黄蜂队选中，开始了他的篮球巨星之路。

（3）世贸组织将于明年展开新一轮全球谈判。

（4）这家公司最近又获得了一轮两千万美元的投资。

3 往下 wǎngxià

往下+V表示继续某个之前被打断的动作。V常常是单音节动词，如**说、讲、读、写、看、听**等，也可以是**学习、播放**等双音节动词。**往下**的前面还可以加上动词**继续**或**接着**。

S（+继续/接着）+往下+V

The pattern **wǎngxià+V** expresses "keep doing V", implying that the action has been interrupted. The verbs that follow are often one-syllable communication verbs (e.g., **shuō, jiǎng, dú, xiě, kàn, tīng**), and can also be two-syllable verbs (e.g., **xuéxí, bōfàng**). Verbs such as **jìxù** and **jiēzhe** can be added before **wǎngxià**.

> S（+jìxù/jiēzhe）+wǎngxià+V

[6] 王师傅：对对对，不想让我们往下拍了。

（1）同事A：你为什么不让我说了？

同事B：经理不高兴了，你别再往下说了。

（2）员工：这份报告这样写可以吗？

经理：没问题，你往下写吧。

（3）同事A：你回来了？

同事B：不好意思，我刚才接了个电话，你接着往下讲。

（4）员工：这份报告怎么办？

经理：你听我继续往下说……

（5）朋友A：这部电视剧的结局怎么样？

朋友B：你接着往下看就知道了。

4 整个人感觉被掏空 zhěnggè rén gǎnjué bèi tāokōng

整个人感觉被掏空来源于**感觉身体被掏空**，意思是感觉身心非常疲惫，没有力气。最初用于某保健品广告语，后于2016年由上海彩虹合唱团作为歌名，调侃年轻人的工作压力大，由此成为流行语。类似的表达还有**钱包被掏空、心被掏空**等。

zhěnggè rén gǎnjué bèi tāokōng is a variation of the original phrase **gǎnjué shēntǐ bèi tāokōng** (lit. "feels the body being pulled empty"), which means one is feeling completely exhausted. The phrase was initially used in a commercial for kidney medication, and it was then used as the name of a song performed by the Shanghai Rainbow Chorus in 2016. The song deals with stresses common to young people, and it soon went viral. Similar variations on this idiom include **qiánbāo bèi tāokōng** and **xīn bèi tāokōng**.

[8] 摄像师：整个人感觉被掏空，是吧？

（1）同事A：终于下班了！

同事B：太累了，感觉自己整个人都被掏空了！

（2）朋友A：天天加班，感觉身体被掏空了。

朋友B：你要多注意身体啊。

（3）朋友A：自从和男朋友分了手，我感觉心被掏空了。

朋友B：别难过了，你可以找个更好的。

5 有这么 / 那么……吗 yǒu zhème / nàme……ma

反问句，表示说话人对某一情况真实性的质疑。

（A+）有（+B）+这么/那么+Adj.+吗

This is a rhetorical question which means "Is A really that [Adj.]?" or "Is A really as much [Adj.] as B?" (given that B is already very [Adj.]). The pattern expresses the speaker's doubts to the truth of a situation.

（A+）yǒu（+B）+zhème/nàme+Adj.+ma

[8] 摄像师：整个人感觉被掏空，是吧？有这么夸张吗？

（1）室友A：这个菜有这么辣吗？

室友B：你自己尝尝就知道了。

（2）朋友A：《三体》有这么好看吗？

朋友B：可好看了，你看了就知道了。

（3）妈妈：你这次考得真有你说的这么好吗？

孩子：当然，老师都表扬我了。

（4）同学A：那家饭馆儿的饺子真有那么好吃吗？

　　　同学B：他们去了都说好吃，我们也去试试吧！

（5）经理：写份报告有那么难吗？你怎么还没写完呢？

　　　员工：快了，我马上就写完了。

6　舍不得　shěbude

舍不得表示不忍心离开；因爱惜东西而不愿意使用或处置。**舍不得**可以单用，也可以作宾语。**舍不得**的肯定形式是**舍得**。

Shěbude is a verb that here means "be unwilling to part with". Shěbude can also mean "cherish something and be reluctant to (use it, give it away, etc.)". Shěbude can be used by itself, or it can take an object. The antonym is **shěde**, which indicates willingness to part.

[8] 客户C：现在感觉就是……

　　高佑思：舍不得吗？

（1）朋友A：你舍得离开上海吗？

　　　朋友B：真有点儿舍不得，舍不得离开大家！

（2）同事A：你怎么舍得把这么好的车卖了呢？

　　　同事B：当然舍不得卖，可是要回国了，只能卖了。

（3）室友A：你手机这么旧了，怎么不买个新的？

　　　室友B：我也不是舍不得花钱，只是觉得没坏，还可以用。

（4）妈妈：我这件大衣穿了十年了，还舍不得扔掉呢，你要节省一点儿，
　　　　　别那么浪费。

　　　孩子：妈，现在生活比以前好了，你别一直舍不得吃，舍不得穿。

7 ……化 ……huà

化是后缀，加在形容词或名词之后，构成动词（类似于英语中的"-ize"或"-ify"）或名词（类似于"-ization"或"-ification"），表示转变成某种性质或状态。课文视频中**军事化**是名词**军事**和**化**构成的动词（并活用为形容词），表示一种准军事、严格的状态。

-**huà** is a suffix that can be added to the end of many nouns or adjectives to make them into verbs (i.e., the equivalent of "-ize" or "-ify") or nouns (i.e., the equivalent of "-ization" or "-ification"). Composed of the noun **jūnshì** "military matter" and -**huà**, **jūnshìhuà** is a verb (and used as an adjective in the video) to indicate a military-like managerial style.

[9] 客户C：如果说得稍微复杂一点儿，就是比较军事化。

Adj.+化		N+化	
复杂化	简单问题复杂化	个性化	个性化学习
绿 化	小区的绿化	数字化	数字化办公
美 化	美化生活环境	本土化	品牌本土化
软 化	软化血管	城镇化	城镇化发展
恶 化	全球环境恶化	现代化	工业现代化
电动化	汽车电动化	国际化	教育国际化

8 道 dào

这里的**道**是量词，用于某些分次、分项或分程序的事物，如：**一道菜、两道题、三道手续**等。

Dào is a measure word here for things that are completed through steps, times, or procedures, such as courses of food, exam questions, procedures.

[9] 客户C：他们从每天早上五点半开始，除了上课是不会响铃，其他的什么早预备、早读各种铃，一共每天有三十多道。

（1）客　人：你们这个套餐里面有多少菜？

服务员：有四道冷盘、八道热菜、一个汤、两种主食和一个甜点。

（2）王老师：大家还有什么问题吗？

学　生：王老师，最后这道题您给我们再讲一下，好吗？

（3）朋友A：现在开公司有哪些手续呢？

朋友B：现在只有三四道手续，比以前方便多了。

9　矛盾　máodùn

矛盾指言语或行为等互相抵触、互不相容（的现象），可以作名词、动词、形容词。**矛盾**一词出自中国古代著作《韩非子》一书。传说有一个人售卖**矛**和**盾**（古代两种武器，**矛**用来进攻，**盾**用来防守），夸他卖的**盾**最坚固，什么东西也刺不破，又夸他卖的**矛**最锐利，什么东西都能刺破。有人问用他的**矛**来刺他的**盾**会怎么样，他没有办法回答。这也是成语**自相矛盾**的来源。

Máodùn here is an adjective and means "having to make a difficult choice". It can be a verb that means "contradict" or a noun that means "contradiction". The term **máodùn** comes from an ancient Chinese text Han Feizi. A long, long time ago there was a man selling his **máo** "spear" and **dùn** "shield" to a crowd on the street. He claimed that his spear was so great that it could break any shield in the world. He then claimed that his shield was so great that there was no spear that could break it. Then, someone in the crowd asked what would happen if he tried to use the spear against the shield. The man became embarrassed and could not answer. This is the origin of the idiom **zìxiāng máodùn** (lit. self-directed-spear-shield) "self-contradictory".

[11] 客户D：不想离开学校，但也想工作。两边都很矛盾。

（1）这两个国家一直有很深的矛盾，现在关系更恶化了。

（2）我只知道他们闹矛盾了，但不知道因为什么。

（3）专家之前说多喝牛奶对健康有好处，现在又说不能喝太多，这不是前后矛盾吗？

（4）你天天说累，但躺在床上还要玩儿半天手机才睡，你不是自相矛盾吗？

（5）这个合同要不要签，我自己心里也很矛盾。

（6）减肥和吃东西很矛盾，我怎么才能怎么吃都不胖啊？

10 对……没有（什么）概念 duì……méiyǒu (shénme) gàiniàn

概念指事物一般的、本质的特征。**对……没有（什么）概念**的意思是对某个事物不了解、不清楚。**对**是介词，这里也可以用介词"对于"，意思相同。

Gàiniàn refers to general or essential characteristics. **Duì……méiyǒu (shénme) gàiniàn** means not having a general understanding about something. **Duì** is a preposition that means "to" or "towards" an object or target.

[14] 高佑思：我以前*没有对搬家[没]有什么概念，就觉得"啊，我就搬一下"。

（1）路人A：我对东南西北没有概念。

　　路人B：那你往前走，在第二个红绿灯往右拐就是地铁站了。

（2）孩子：为什么要把红包都给你们？

　　妈妈：你对钱没有概念，我们帮你管。

（3）同学A：你想不想学会计？

　　同学B：会计太难了，我对数字没有什么概念。

（4）张老师：李明，你怎么才来上课？

　　李　明：张老师，对不起，我对时间没有什么概念，所以总是迟到。

练 习

一、填空

> 结实　轮　稳定　往下　掏空　要是
> 夸张　舍不得　互相　道　矛盾　概念

1. 同事A：我很_____离开大家。感谢大家一直以来对我的帮助！

   同事们：祝你一切顺利！

2. 学生A：听说你毕业以后要回家乡工作，是吗？

   学生B：是的，我父母想让我回去，其实我不怎么想回去，不过又怕他们伤心，我心里挺_____的。

3. 朋友A：你听说了吗？中美两国昨天又开始新的一_____贸易谈判了。

   朋友B：听说了，真希望双方能够_____尊重，有一个好的结果。

4. 朋友A：你现在一个月赚多少钱？

   朋友B：真不清楚，我对钱没有什么_____，我的钱都在老婆那儿。

5. 朋友A：正式的西餐一般有几_____菜啊？

   朋友B：不知道，问问外教吧。

6. 朋友A：搬家太累了，我感觉搬完家我整个人都被_____了！

   朋友B：有那么_____吗？你不是请了搬家公司吗？

7. 朋友A：那部电影太恐怖了，我看了五分钟就不敢再_____看了。

   朋友B：我就比你多看了五分钟，最后也放弃了。

8. 顾客：这张桌子不太_____，搬的时候小心一点儿。

   搬家工人：好的，没问题。

9. 朋友A：你为什么要离开这儿呢？

   朋友B：这儿的工作机会太少了，_____能找到一份_____的工作，我就不离开这儿了。

二、配对

1. 老师，我的论文您看了吗？
2. 手机有那么好玩儿吗？你怎么连吃饭都在看手机？
3. 你怎么舍得买这么贵的房子？
4. 听说这所学校高考成绩特别好，真的吗？
5. 在中国开一家进出口公司需要多少道手续呢？
6. 他的话总是自相矛盾，我都不知道他到底想说什么。
7. 小李，你的车不能停在门口。
8. 最近公司来了一大批新员工。
9. 真累，我感觉心都被掏空了。

A. 我在看最后一轮英超比赛，太好看了！
B. 是的，不过他们的管理太军事化了，我一点儿也不喜欢。
C. 不知道，我对怎么开公司完全没有概念。
D. 挺好的，没什么问题，你可以继续往下写。
E. 你不用管他说什么，看他怎么做就行了。
F. 是啊，他们都好年轻，大部分是95后，还有00后呢。
G. 我也舍不得，可这是学区房，为了孩子读书，没办法啊。
H. 你不能总加班，周末出去走走吧。
I. 好的，我马上开走。

三、完成对话

1. 同学A：这部电影的女主角最后怎么样了？
   同学B：_____（往下）

2. 朋友A：昨天的考试太难了，我一道题都不会做。
   朋友B：_____（有这么/那么……吗）

3. 朋友A：我父母_____（舍不得）
   朋友B：中国父母都这样，但是对孩子可舍得了。

4. 朋友A：听说你想出国留学，是真的吗？
   朋友B：_____（矛盾）

5. 朋友A：我可以借一下你的电动车吗？
   朋友B：_____（V+走）

6. 朋友A：你开过网店吗？我想开一家网店。

　　朋友B：_____（对……没有概念）

7. 朋友A：你是不是病了？怎么看起来这么累？

　　朋友B：_____（……被掏空）

PART 3 第三部分

准备内容

熟读视频文本，准备情境重现及口头叙述，尽量脱稿表演。

课堂活动

老师引导学生轮流进行情境重现及口头叙述，老师及时给予反馈。

情境重现

老师与学生（或学生与学生）根据提示，合理表演视频里的情境。

1. 向搬家师傅介绍自己，跟搬家师傅聊天儿，了解其背景、工作。
2. 用比较规范的搬家程序和服务用语帮人搬一次家。
3. 对认为是在摆拍的邻居和不想再让往下拍的客人做一个礼貌的回应。
4. 跟几位搬家的年轻人聊天儿，了解他们的背景、工作、生活、压力等，需要时安慰一下。

口头叙述

学生用自己的话，从不同的角度来复述视频里的故事。

1. 从搬家师傅的角度，说说客户都是什么样的人，这个老外帮忙搬家搬得怎么样。
2. 从高佑思的角度，谈谈最难忘的一次搬家经历，以及从这次经历中学到了什么。
3. 从一位搬家的年轻人的角度，聊聊这次的搬家经历，自己的学习、工作、生活有什么打算。
4. 从邻居的角度，说说为什么搬家师傅让你生气了，后来问题是怎么解决的。

PART 4 第四部分

准备内容
重看视频,根据视频话题准备问题,学习主持讨论的表达,准备课堂讨论。

课堂活动
学生轮流担任主持人,带领全班同学一起讨论。

人物访谈

如果课后请视频中的人物进行访谈,主持人可以问哪些问题,这些人物会怎么回答?请老师、同学们组织一次访谈,聊聊视频中的体验和想法。也请观众回答一些问题。以下的访谈提纲供师生选择使用。鼓励学生自己准备访谈问题,并邀请视频中其他人物加入访谈。

高佑思:
1. 搬家有哪些规范的程序和服务用语?
2. 你帮人搬家有没有遇到什么困难?
3. 搬家的都是什么样的人?他们的工作、生活是什么样的?
4. 你印象最深刻的是哪个客户?
5. 你觉得这次搬家的工作体验让你学到了什么?

搬家的年轻人：
1. 你给这位老外搬家师傅打几分？他什么地方做得好，什么地方可以做得更好？
2. 你觉得跟别的搬家师傅比起来，高佑思有什么特别的地方？
3. 你为什么搬家？你的工作、生活是什么样的？

搬家师傅：
1. 请你搬家的客户都是什么样的人？他们的工作、生活是什么样的？
2. 你印象最深刻的是哪个客户？

观众：
1. 你了解中国或者你们国家搬家的程序吗？
2. 你觉得搬家师傅赚的钱多吗？你愿意做这份工作吗？为什么？

PART 5
第五部分

📋 准备内容

根据课外实践要求,出门做任务,写下笔记,准备口头报告。

👥 课堂活动

学生轮流进行口头报告,欢迎同学和老师提问,老师给予反馈。

💻 课外实践

从网上查一查,在你的城市如果需要搬家的话,有哪些搬家公司?流程是怎样的?费用怎么算?介绍一些其他用户的评价。如果你搬过家,请谈一谈你搬家的经历,以及给以后搬家的朋友什么建议。挑选一个你感兴趣的话题,准备一个报告,跟大家分享你的收获。

☕ 文化拓展

▸ 高考

高考是"高等学校招生全国统一考试"的简称,一般安排在每年的6月7日、8日这两天,从2020年开始有些地区采用新高考模式,如北京、上海、浙江、山东等,高考一共考四天,即6月7日—10日。2020年参加高考的人有1,071万,这个人数比瑞典整个国家还多73万。高考可能不是最完美的人才选拔方式,但在当今中国仍然是最公平的人才选拔制度之一。由于目前中国优质高等教育资源不足，许多家庭把高考作为子女改变未来命运的重要寄托，因而家长、孩子和教师都承受着巨大的压力。但随着社会的不断发展，各地已经开始推行"新高考"，通过各种方式来减少压力。

Gāokǎo

The **gāokǎo**, meaning "Higher Education Exam", is the colloquial name of the "National College Entrance Examination". It often take place on June 7 and 8 each year, but from 2020 some areas such as Beijing, Shanghai, Zhejiang Province and Shandong Province started to adopt a new mode and took place for four days from June 7 to 10. In 2020, 10.71 million students participated in the exam, which is 730,000 more than the population of Sweden. The **gāokǎo** may not be the most perfect means of identifying the most talented students, but it is still one of the most equitable and fair systems for identifying students of academic skill that China has today. Due to the current shortage of high-quality higher education resources in China, many families place their hopes for a brighter future for their children in the **gāokǎo**. Thus, children bear tremendous pressure to perform well on the test, and parents and instructors bear tremendous pressure to help their students succeed. However, after increased criticism for its difficulty and the stress students feel in preparing for this tremendous test, different regions of China have begun to implement a **"new gāokǎo"** that is designed to reduce student pressure.

BÙRÚ CHĪ CHÁ QÙ

不如吃茶去

第 8 课

完整视频

导 语

  根据记载，中国人早在西汉时期（公元前206年—公元25年）就开始喝茶了。中国有句俗语"柴米油盐酱醋茶"，说的是日常生活中的七种必需品，茶位列其中，可见茶在中国人生活中的重要地位。只要来了客人，主人就会拿出茶叶热情招待。直到现在，中国的许多饭店还会给客人提供免费的茶水。作为世界三大饮料之一，茶叶每年的需求量在不断增长，2018年全球茶叶产量约为585万吨，2019年全球产量已经超过了600万吨。

  福建武夷山是著名的武夷岩茶的产地，那里的人们是怎样种茶、做茶的呢？让我们跟着高佑思去体验一下吧！

According to records, the Chinese people began drinking tea as early as the Western Han Dynasty (206 BC to 25 AD). Tea is considered one of the seven culinary necessities of Chinese life, along with firewood, rice, oil, salt, soy sauce, and vinegar. When guests come, the host often immediately serves them tea to welcome them. Some restaurants also offer tea for free. Tea is one of the world's three most popular beverages, and its annual demand has been increasing. Global tea production in 2018 reached about 5.85 million tons, and it exceeded 6 million tons in 2019!

Wuyi Mountain in Fujian Province is the famous production site of the unique Wuyi rock tea. How is the tea planted and made there? Let's check it out with Gao Yousi!

PART 1 第一部分

准备内容

1. 观看视频，对照文本和词汇，思考问题。
2. 自己准备几个内容问题（语言和文化都准备几个）。

课堂活动

1. 学生提问，其他同学和老师回答。
2. 老师对学生提问。

视频第一段 （开始—2分15秒）

[1]

高佑思：这么早起床，[是]为了赶上一个六点半的飞机。这次我们终于不在北京拍了。[我们要]去一个非常有意思的地方——武夷山。这一次的主题是我会去当一个科技特派员。我*很多身边的朋友们[身边很多朋友]都是做科技研发、科技创业[的]。我觉得*是[这]比较*合适[适合]我的身份。

[2]

武夷山市岩上茶叶科学研究所

刘国英（武夷山市首批[2000年]科技特派员、武夷岩茶[大红袍]制作技艺传承人）：一个，我们拿茶（杯）是三龙护鼎。就这两个手[指]拿住，然后底下这个手[指]托住。

高佑思：OK！两个手[指]，然后……

刘国英：底下一个手[指]托住。

高佑思：这样？

刘国英：然后喝的时候分三口。

高佑思：三口。

刘国英：我们叫"品茶"。

高佑思：我可以试一下吗？

刘国英：可以。

[3]

高佑思：我是被安排当一个科技特派员，然后我第一次听到这个职业、这个身份，我就有点儿紧张。其实我不是特别擅长这一块儿。我[在这几天][大概]能够*大概做什么*在这几天？

刘国英： 我们作为科技特派员呢，*最早的初衷呢，是用技术来扶持一个产业。那作为茶叶呢，它的技术比较独特，要具备这种做茶的水平。但是从一个产业的发展来说呢，你如果没有技术，也可以当科技特派员。除了把茶做好以外，我们还要把茶卖好，还要把这个茶文化宣传好。

你先去走访一下中型的企业和一些刚刚办的新的企业，这种不同规模的、不同发展程度的一些茶企业，你就会发现你的某方面的强项能够发挥作用，能够起到更好的一个效果。

高佑思： 好。

词 汇

| 不如 | bùrú | [v.] | [2级] | it would be better to |

[1]

赶上	gǎn shang		[6级]	still have time to; be able to make it
武夷山	Wǔyí Shān	[p.n.]		Wuyi Mountain (in Fujian Province)
主题	zhǔtí	[n.]		theme; topic
科技	kējì	[n.]	[3级]	science and technology

特派员	tèpàiyuán	[n.]		(lit. specially-dispatched person) special commissioner
身边	shēnbiān	[n.]	[2级]	at hand
研发	yánfā	[v.]	[6级]	research and development
身份	shēnfèn	[n.]	[4级]	identity; status

── [2] ──

茶叶	cháyè	[n.]	[4级]	tea leaves
科学	kēxué	[n.]	[2级]	science
研究所	yánjiūsuǒ	[n.]	[5级]	research institute
岩茶	yánchá	[n.]		(lit. Rock Tea) Oolong tea of Wuyi Mountain
大红袍	dàhóngpáo	[n.]		Da Hong Pao, a variety of Oolong tea
制作	zhìzuò	[v.]	[3级]	make; produce
技艺	jìyì	[n.]	[5级]	skill; artistry; craft
传承	chuánchéng	[v.]	[7-9级]	inherit
三龙护鼎	sānlóng-hùdǐng			(lit. three-dragon-protect-vessel) using thumb, index finger, and middle finger to hold the teacup for stability (龙[3级])
鼎	dǐng	[n.]		ancient cooking vessel with two looped handles and three or four legs
手指	shǒuzhǐ	[n.]	[3级]	finger
底下	dǐxia	[n.]	[3级]	under; below

分	fēn	[v.]		divide; separate
品茶	pǐn chá			taste and judge tea

── [3] ──

安排	ānpái	[v.]	[3级]	arrange; appoint
擅长	shàncháng	[v.]	[7-9级]	be good at; excel in
技术	jìshù	[n.]	[3级]	technology; technique
扶持	fúchí	[v.]	[7-9级]	help sustain; give aid to; support (disadvantaged units)
产业	chǎnyè	[n.]	[5级]	industry
独特	dútè	[adj.]	[4级]	unique; distinctive
具备	jùbèi	[v.]	[4级]	possess; be equipped with
水平	shuǐpíng	[n.]	[2级]	level; standard
从……来说	cóng……lái shuō			speaking from the aspect of...
发展	fāzhǎn	[v.]	[3级]	develop; grow
走访	zǒufǎng	[v.]		pay a visit to and interview
中型	zhōngxíng	[adj.]	[7-9级]	medium-sized
企业	qǐyè	[n.]	[4级]	enterprise
办	bàn	[v.]	[2级]	set up; run
规模	guīmó	[n.]	[4级]	scale
强项	qiángxiàng	[n.]	[7-9级]	competitive aspect
发挥	fāhuī	[v.]	[4级]	bring into play

起到	qǐdào			make…happen; lead to
效果	xiàoguǒ	[n.]	[3级]	result; effect

问题

1. 高佑思这次体验新职业的身份是什么？刘国英的身份是什么？

2. 茶杯是怎么拿的？茶是怎么品的？

3. 刘国英希望高佑思发挥什么作用，起到什么效果？

小调查

在网上查一下武夷岩茶（大红袍）是一种什么样的茶。

视频第二段 （2分15秒—9分14秒）

[4]

第二天，高佑思来到中型茶企体验科技特派员工作。

高佑思： 是不是在这儿？欸，周大师，你好！

周泽有（人称"周大师"，武夷山市茗川世府生态茶叶农民专业合作社监事长）：
你好，你好！

高佑思： 很高兴认识你！

周大师： 好好好！

高佑思： 刘老师昨天跟我说必须来你们的茶厂*去了解一下。

周大师茶企加入的茗川世府生态茶叶农民专业合作社是武夷山市第十批（2017年）科技特派员服务单位。

周大师：刚刚好，我们待会儿就去茶园采茶了。

高佑思：这里的那个空气很好，很舒服。你也采茶很久了吧？

高佑思：Wow, wow, wow! This is amazing!

周大师：那边呢，那边也有（我们的茶园）。

高佑思：上面也有？

周大师：这边都是。

高佑思：Wow, cool！我看起来怎么样？

周大师：挺好！就跟我徒弟一样。

[5]

09：00 采摘

高佑思：我第一次进一个这样的*茶地[茶园]。

周大师：这个品种叫肉桂。

高佑思：*乐[肉]桂。

周大师：你看哦，这些全部都是被虫吃掉的。因为我们茶园都是按那个有机生态的这种标准来管理。黄观音这个品种呢，特别香。

高佑思：越香越好吗？

周大师：嗯！它香的时候虫就喜欢吃。

高佑思：Wow, wow, wow!

周大师：这个是采茶的高手师傅。

高佑思：对，高手。

周大师：要抓住这个（袋子）。

周大师：放这边。OK!

高佑思：OK!

周大师：（拿袋子的时候）不要转弯儿，要直。

周大师：再回两袋就够了。

周大师：这个要放到那个车上。

周大师的徒弟：他抬不来。

高佑思：啊，太疼了！不行不行！

周大师：热吗，现在？感觉如何？

高佑思：你们这采了不多，是吧，今天？

周大师：一台机子一天可以采到七千到八千斤。今天我们采[了]四百多斤。

高佑思：采了四百多斤？

周大师：对对对！二十分之一。

高佑思：What？再采四百斤我就可能不行了。

大　家：走吧！

11：00　萎凋

高佑思：哇！好爽的感觉！

周大师：像这样子薄薄地摊开，往后退。

高佑思：啊，是这样。

周大师：对。整片地往后退。加油！继续这样抖开。

高佑思：脱贫啦？这个是这几年才脱贫，还是……

周大师：武夷岩茶的高峰期是从09年[开始的]，就在这九年。

高佑思：主要是因为茶叶，还是有别的行业？

周大师：还有旅游业。

周大师：它这一个是"双世遗"遗产地①。

高佑思：地域好！

周大师：还有国家公园。加上一个，我们这儿没有工业的污染。

高佑思：然后你自己为什么做[得]那么好？

周大师：那个是受我家族的影响。

高佑思：是吗？

周大师：岩茶四代家族。

高佑思：十代？不会的吧？

周大师：我的祖父当时在这边*的话就是做得非常好。

高佑思：你们十代，这个好……

周大师：四代！对！

---

① "双世遗"遗产地：世界文化与自然双重遗产地 World Heritage Mixed Site (Cultural and Natural)。

高佑思： 三百年啦？

周大师： 是。

高佑思： 都是做这个？

周大师： 都是做这个岩茶的。

高佑思： 你们是用你们的技术和人工，还是用机器？

周大师： 人工、技术、机械一起相配合。我们不单要传承，还要创新。

高佑思： 我一会儿可以体验一下吗？

周大师： 可以。

[7]

摄像师： 你要支持哪个队啊，周大师？

周大师： 肯定支持火箭。毕竟我们的姚明在那边当过[球员]，肯定有这个情结在这里面。

高佑思： 是是是。

周大师： （勇士）这连追八分。没事，我没事，我没事。

周大师的徒弟： 下雨了，赶快收（茶叶）！

摄像师： 赶快收，Raz！

高佑思： 我这边，这边。

周大师的徒弟： 好！赶快，来！

周大师：来，一个一个一个来！赶快收！①

周大师：停！好！哇，这个速度！来，赶快放到这里！

[8]

12：00 做青

周大师：现在用这个快档。它转，把它摇散开来。再加一点儿炭火。

高佑思：*后来[然后]它会在这里多久，整个过程？

周大师：八个小时左右。

高佑思：八个小时？

周大师：嗯！

20：00 做青结束

周大师：我们这个已经*做结束了。

高佑思：终于。你怎么知道什么时候结束？

周大师：这个我们自己都*有知道的。这叫"三红七绿"。这花香，这已经发酵了。

[9]

20：30 杀青

周大师：倒！全部倒进去！

---

① 此句为武夷山市方言。

高佑思：这个叫什么？塑……

周大师：杀青。

高佑思：这个叫……

周大师：做青。七到八分钟左右。

高佑思：你看我晒黑了，已经。

周大师：（像）在捞鱼啊。

高佑思：捞鱼。

周大师：来！来这儿站着，侧着。你抬吧。你抬这边。对！你跟他抬[过]去，直接进入那个揉捻。

21：00 揉捻

高佑思：揉捻！揉捻！揉捻也是大概六分钟，是吧？

周大师：对！这就[是]整个一个条索的成型。武夷岩茶的话，它每个环节都缺一不可。如果一道环节出现了失误，你所有的做的茶叶都前功尽弃了。

高佑思：哎哟！

[10]

周大师：你那边站着，（把茶叶）抖开来就可以。

21：30 烘干

高佑思：哇哦！这个[是]big cake，大蛋糕。

高佑思：很可爱。辛苦啦，狗狗。

22：25 毛茶（毛料）装袋完成

高佑思： 四百斤！周大师说，一般每天四千斤，所以他们（平时）做（的量是）我们今天的十倍。我没办法想象这个画面。不可思议！了不起！

周大师： 一片树叶温暖了一座城市。

高佑思： 一片树叶温暖了……

周大师： 一座城市。

高佑思： 一座城市。这句话我应该记下来，特别有道理。

简单的休整后，明天还有小型茶企的体验在等待着高佑思。

词 汇

[4]

大师	dàshī	[n.]	[6级]	great master
人称	rén chēng			known as
生态	shēngtài	[n.]	[7-9级]	ecology
农民	nóngmín	[n.]	[3级]	farmer
合作社	hézuòshè	[n.]	[7-9级]	jointly-owned enterprise
监事长	jiānshìzhǎng	[n.]		chief supervisor
待会儿	dāihuìr		[6级]	in a little while; shortly
茶园	cháyuán	[n.]		tea plantation

采茶	cǎi chá			pick tea leaves
空气	kōngqì	[n.]	[2级]	air
徒弟	túdi	[n.]	[6级]	apprentice; disciple

── [5] ──

采摘	cǎizhāi	[v.]		pick/pluck (plant)
品种	pǐnzhǒng	[n.]	[5级]	variety; category
肉桂	ròuguì	[n.]		cinnamon
虫	chóng	[n.]		insect; pest
按	àn	[prep.]	[3级]	according to
有机	yǒujī	[adj.]	[7-9级]	organic
标准	biāozhǔn	[n.]	[3级]	standard; criterion
管理	guǎnlǐ	[v.]	[3级]	manage; supervise
香	xiāng	[adj.]	[3级]	fragrant; scented
抓住	zhuāzhù		[3级]	catch/seize hold of
袋子	dàizi	[n.]		bag; sack
转弯儿	zhuǎn wānr		[4级]	turn a corner; make a turn
直	zhí	[adj.]	[3级]	straight
袋	dài	[m.]	[4级]	(for bags of something)
抬	tái	[v.]	[5级]	lift; raise
如何	rúhé	[pron.]	[3级]	how; what; how/what about

机子	jīzi	[n.]		(coll.口语词) machine

[6]

萎凋	wěidiāo	[v.]		wither (tea processing that reduces moisture content)
薄	báo	[adj.]	[4级]	thin (口语：báo；书面：bó)
摊开	tānkāi			spread out (摊[7-9级])
退	tuì	[v.]	[3级]	go backwards
整	zhěng	[adj.]	[3级]	entire; whole
片	piàn	[m.]	[2级]	(for stretches of area)
抖开	dǒukāi			shake off (抖[7-9级])
脱贫	tuō pín			escape from poverty
旅游业	lǚyóuyè	[n.]		tourism industry (旅游[2级])
地域	dìyù	[n.]	[7-9级]	region; district; area
工业	gōngyè	[n.]	[3级]	industrial engineering
污染	wūrǎn	[v.]	[5级]	pollute; contaminate
受	shòu	[v.]	[3级]	receive; obtain
家族	jiāzú	[n.]	[7-9级]	family generations
影响	yǐngxiǎng	[n.]	[2级]	influence
代	dài	[m.]	[3级]	(for generations of family)
祖父	zǔfù	[n.]	[6级]	paternal grandfather
人工	réngōng	[n.]	[3级]	manual work; manpower

机器	jīqì	[n.]	[3级]	machine
机械	jīxiè	[n.]	[6级]	machinery
相	xiāng	[adv.]		each other; mutually
创新	chuàngxīn	[v.]	[3级]	bring forth new ideas; blaze new trails

── [7] ──

队	duì	[n.]	[2级]	team
火箭	Huǒjiàn	[p.n.]		the Houston Rockets, American professional basketball team
情结	qíngjié	[n.]		fervor; emotion
勇士	Yǒngshì	[p.n.]		the Golden State Warriors, American professional basketball team
连	lián	[adv.]	[3级]	in succession; one after another
追	zhuī	[v.]	[3级]	catch up (with someone else)
分	fēn	[m.]		(for scores)
赶快	gǎnkuài	[adv.]	[3级]	quickly; hastily

── [8] ──

做青	zuòqīng	[v.]		bruising/disruption (tea processing that oxidizes and aromatizes tea leaves)
快档	kuàidǎng	[n.]		fast mode (档[6级])
转	zhuàn	[v.]		rotate; spin
摇散	yáosǎn			swing and unfold

开来	kāilái	[v.]		(generally used with verbs involving releasing, unfolding or spreading out)
炭火	tànhuǒ	[n.]		charcoal fire
后来	hòulái	[n.]	[2级]	(for past events) afterward; later
左右	zuǒyòu	[n.]		about (placed after a numerical expression to indicate an approximate quantity)
花香	huāxiāng	[n.]		fragrance of flowers
发酵	fā jiào		[7-9级]	ferment (here refers to oxidize)

[9]

杀青	shāqīng	[v.]		conduct fixation (tea processing that completes bruising)
晒黑	shàihēi			become tanned (晒[4级])
捞	lāo	[v.]	[7-9级]	scoop up out of water
侧	cè	[v.]	[6级]	incline; lean
揉捻	róuniǎn	[v.]		roll (tea processing that promotes the formation of curls)
条索	tiáosuǒ	[n.]		strip
成型	chéngxíng	[v.]	[7-9级]	take shape; be in finished form
环节	huánjié	[n.]	[5级]	link in a production chain
缺一不可	quē yī bù kě			(lit. lack-one-not-acceptable) none is dispensable
出现	chūxiàn	[v.]	[2级]	appear; emerge

失误	shīwù	[n.]	[5级]	mistake
前功尽弃	qiángōng-jìnqì			(lit. previous-effort-all-abandon) all the previous efforts are wasted
哎哟	āiyō	[intj.]		(of surprise/pain)

[10]

烘干	hōnggān		[7-9级]	dry (the final process of some oolong tea)
毛茶	máochá	[n.]		half-processed (or semifinished) tea
毛料	máoliào	[n.]		half-processed (or semifinished) materials
装袋	zhuāng dài			load in bag
倍	bèi	[m.]	[4级]	time(s)
画面	huàmiàn	[n.]	[5级]	general appearance of a picture
树叶	shùyè	[n.]	[4级]	tree leaf
温暖	wēnnuǎn	[v.]	[3级]	warm
有道理	yǒu dàolǐ			(lit. has rationality) make sense (道理[2级])
休整	xiūzhěng	[v.]		relax and reorganize
小型	xiǎoxíng	[adj.]	[4级]	small-sized
等待	děngdài	[v.]	[3级]	wait for

问题

1. 制作毛茶一共有哪些步骤?每个步骤的作用是什么?

2. 高佑思采茶跟周大师他们平常采茶有什么不同的地方?

3. 武夷山市除了岩茶以外,还有什么特别的?

视频第三段 （9分14秒—14分38秒）

[11]

谷雨如丝，新茶初制。

朝阳东升茶叶专业合作社是武夷山市第十批（2017年）科技特派服务单位。

何洁辉（武夷山市朝阳东升茶叶专业合作社会员）：这些都是毛茶。

高佑思：对。

何洁辉：然后机器在这里面。

高佑思：有机器吗？

何洁辉：对！现在都用机器。

高佑思：什么样的？小的吗？

何洁辉：两台这种的机器。

色选：使用CCD光学传感器识别颜色差异，分选茶梗、黄片与正品。

高佑思：喔！喔！

何洁辉：现在都用这个了！

高佑思：大哥！

何洁辉：都是机械化。

高佑思：这个好大！

何洁辉：等于这个是毛料了。

高佑思：这个放上去？

何洁辉：对。连开了它都会分开。这样[就]*是秆是秆、叶是叶了。到这里是色选，出来以后变成半成品。

高佑思：不到一两分钟，就几分钟就（从毛茶）到了这个（半成品）。这个很厉害！

工人A：是很厉害。

高佑思：我做茶啦！（只用了）两分钟！从一天三十斤到一天三千斤，就是因为[科技的进步]。

工人B：这个是多少倍了！都是这高科技啊！

高佑思：这个效率真的很……我震惊了！我被震惊了，真的！

[12]

高佑思：你就一个人吗，小何老板？

何洁辉：做茶的时候工人也挺多的。

高佑思： 这算是规模大[的]还是小[的]，在你们的[这个地方]？

何洁辉： 小规模。

高佑思： 小规模。

摄像师： 要不你试一下（泡茶）吧，你们换一下位置。

何洁辉： 来吧！交流下。

高佑思： 对对对！你可以教我一下。OK！你说你就看我，你不教我，我自己来吗？

何洁辉： 这里称一个七克，然后用这个天平秤，你把茶叶放在上面。

高佑思： 七克，对吧？

何洁辉： 对。先洗一下（茶杯）。

高佑思： 先洗吗？

何洁辉： 对。

高佑思： 那洗是怎么洗？

何洁辉： 你用那夹子。这个夹子。

高佑思： 哦，对！我现在是一个泡茶大佬。

何洁辉： 这个茶叶，水往这边倒出来。

高佑思： 就直接倒出来，是吧？这样？

高佑思： 好烫啊！好烫啊！可以了吧？

摄像师： 泡久了是不是有点儿苦？

高佑思：是。

[13]

店铺老板：这一起，一起吧！

高佑思：一起，一起，好，好！

何洁辉：再拎一个这个。我用微信吧。

高佑思：这里也可以用微信？

何洁辉：可以用微信。

高佑思：你们真的用微信？

店铺老板：可以的。

高佑思：真的吗？

何洁辉：（微信和支付宝）都有啊。你看，二维码都有了！

高佑思：都有这个了！

何洁辉：像我们现在买菜、卖菜都用这个了。

高佑思：这么发达！

何洁辉：对啊。

[14]

高佑思：这里真的，你看，很开阔，很漂亮！

何洁辉：对！我们这边都是看上去都是绿色的。小时候我就在这边读书，在这里边回忆比较多。

高佑思：哈哈，是吗？

何洁辉：这后边种西瓜，我就经常上去。

高佑思：在这上面，这边？

何洁辉：对。把那边那个西瓜拿下来，就抱来放地上吃了。这片就是我的茶园了。

高佑思：哦，这里就是你的茶园？

何洁辉：对，像这个茶都比较老了，有40年左右了。你看这个茶叶的这个……这底下，都包满了这个青苔。

高佑思：哇哦！

何洁辉：最早以前这个可比人还高！

高佑思：哇哦！

何洁辉：然后，后面用机器了以后就把它修矮了。你如果说在我们采摘的时候，你那时候来看，（茶树的树冠）非常的圆。天气好的时候，大家……你只要看过去的地方，他们都在采茶。

高佑思：全都采茶？

何洁辉：对。

[15]

何洁辉：像你们回去以后可以跟你的亲戚啊，朋友啊，跟他们分享一下我们这边是怎么做茶[的]，跟他们分享一下你自己经历过的。当你亲身体验了，你就知道这个做茶叶是多么困难了。

高佑思： It's unbelievable. It's so hard! 而且我就体验了这么一点点。我参与你们的工作，只能当一个普通的工人。小何老板，我终于发现了，我在做一个科技特派员[的时候]能够做到什么。因为我没有技术能力，我也对茶叶没有那么了解，但是，可能能够给你们带来的是……更多是在于把你们的东西用网络的思维，互联网啊，新媒体，视频，[把这个故事]讲出去*这个故事，让更多的人关注。

高佑思： 我在这里认识[的]所有*的人、听到[的]所有*的故事、参与[的]所有*的工作，就是因为你，因为这一杯茶！特别喜欢这里。

[16]

高佑思科技特派员的工作结束了。第一次来到中国的田间，他见到了一个与想象中不同的乡村。

周大师对高佑思说："一片树叶温暖了一座城市。"一片片茶叶见证了武夷山的脉络，有世代耕耘的传承，也有不拘泥的智慧。

从30斤到3,000斤，窥见了坚守，也洞见了时代。全国现有84.56万科技特派员活跃在乡间，他们用创造让一座座村庄焕发了新生。

鸣谢：武夷山市委、市政府。

词 汇

[11]

谷雨	gǔyǔ	[n.]		Grain Rain (6th solar term, around April 20th)
如	rú	[v.]		similar to
丝	sī	[n.]	[7-9级]	thread; silk
初	chū	[adv.]	[3级]	just started
制	zhì	[v.]		make; produce
色选	sèxuǎn	[v.]		color sorting (tea processing step)
光学传感器	guāngxué chuángǎnqì	[n.]		optical sensor
识别	shíbié	[v.]	[7-9级]	distinguish; discern
差异	chāyì	[n.]	[6级]	difference; discrepancy
茶梗	chágěng	[n.]		tea stem
黄片	huángpiàn	[n.]		useless yellow tea leaves
正品	zhèngpǐn	[n.]		quality products; certified goods
机械化	jīxièhuà	[v.]		mechanize
秆	gǎn	[n.]	[6级]	stalk; stem
半成品	bànchéngpǐn	[n.]		semi-finished product
高科技	gāokējì	[n.]	[6级]	hi-tech
效率	xiàolǜ	[n.]	[4级]	efficiency; productiveness
震惊	zhènjīng	[adj.]	[5级]	shock; amaze; astonish

[12]

位置	wèizhi	[n.]	[4级]	seat; place; position
交流	jiāoliú	[v.]	[3级]	communicate; exchange
称	chēng	[v.]		weigh
克	kè	[m.]	[2级]	gram
天平秤	tiānpíngchèng	[n.]		balance scale (天平 [7-9级])
夹子	jiāzi	[n.]		tongs
泡茶	pào chá			make tea
苦	kǔ	[adj.]	[4级]	bitter

[13]

支付宝	Zhīfùbǎo	[p.n.]		Alipay
二维码	èrwéimǎ	[n.]	[5级]	QR code
发达	fādá	[adj.]	[3级]	developed; advanced

[14]

开阔	kāikuò	[adj.]	[7-9级]	wide; extensive
读书	dú shū			attend school; study
回忆	huíyì	[v.]	[5级]	recall
种	zhòng	[v.]	[3级]	plant
抱	bào	[v.]	[4级]	hold in arms

包满	bāomǎn			surround fully (满[cmp.补语][2级])
青苔	qīngtái	[n.]		moss
可	kě	[adv.]	[5级]	(adding emphasis)
修	xiū	[v.]	[3级]	trim; prune
矮	ǎi	[adj.]		short
树冠	shùguān	[n.]		tree crown
圆	yuán	[adj.]	[4级]	round

[15]

分享	fēnxiǎng	[v.]	[5级]	share (joy, right, etc.)
经历	jīnglì	[v.]	[3级]	go through; undergo
亲身	qīnshēn	[adj.]	[7-9级]	personally; in person
多么	duōme	[pron.]	[2级]	(expressing a certain level)
普通	pǔtōng	[adj.]	[2级]	ordinary; common; average
网络	wǎngluò	[n.]	[4级]	network
思维	sīwéi	[n.]	[5级]	mindset; thought
媒体	méitǐ	[n.]	[3级]	media
关注	guānzhù	[v.]	[3级]	follow with interest; pay close attention to

[16]

田间	tiánjiān	[n.]		field; farm

乡村	xiāngcūn	[n.]	[5级]	village; countryside; rural area
见证	jiànzhèng	[v.]	[7-9级]	witness
脉络	màiluò	[n.]	[7-9级]	vein (of leaves, etc.)
世代	shìdài	[n.]	[7-9级]	many generations
耕耘	gēngyún	[v.]		generally refers to farmland farming
拘泥	jūnì	[v.]		rigidly adhere to (formalities)
智慧	zhìhuì	[n.]	[6级]	wisdom; intelligence
窥见	kuījiàn	[v.]		get glimpse of
坚守	jiānshǒu	[v.]	[7-9级]	stick to; hold fast to
洞见	dòngjiàn	[v.]		see clearly
活跃	huóyuè	[v.]	[6级]	be active
乡间	xiāngjiān	[n.]		in the village
创造	chuàngzào	[v.]	[3级]	create
村庄	cūnzhuāng	[n.]	[6级]	village
焕发	huànfā	[v.]	[7-9级]	shine; glow; reinvigorate
新生	xīnshēng	[n.]	[7-9级]	new life
市委	shìwěi	[n.]		中国共产党××市委员会 (lit. Zhōngguó Gòngchǎndǎng ××Shì Wěiyuánhuì China Communist ××City Committee)
市政府	shìzhèngfǔ	[n.]	[4级]	municipal government

问 题

1. 加工茶叶的"色选"是怎么进行的?主要作用是什么?

2. 第[11]部分高佑思为什么说"我被震惊了"?

3. 高佑思觉得自己作为科技特派员能为小何老板他们带来什么?

PART 2
第二部分

准备内容
1. 学习语言点，熟读课文例句及其他例句。
2. 完成书面练习。

课堂活动
1. 讨论语言点例释，流利地表演例句情境。
2. 讨论书面练习。

语言点

1 比较：适合—合适 shìhé—héshì

适合和**合适**都表示符合实际情况或客观要求，能受程度副词修饰，它们的区别是：

适合是动词，常作谓语，后面可以带宾语。

合适是形容词，常作谓语，还可以作定语、补语等，但不能带宾语。

Shìhé and héshì both indicate that something is appropriate for a particular situation or that it meets some objective requirements. These terms can be modified by adverbs of degree. The differences between the two are:

Shìhé is a verb that means "to suit". It is often used as a predicate (i.e., the main verb or verb phrase of the sentence that states something about the subject). It is used with an object.

Héshì is an adjective that means "appropriate" or "suitable". It is often used as a predicate (in the same way as other adjectives). It can also be used as an attribute or a complement.

[1] 高佑思：我觉得*是[这]比较*合适[适合]我的身份。

（1）朋友A：你觉得这件衣服怎么样？

朋友B：这件衣服很适合你。

（2）员工：我觉得我不太适合做销售，我想找个更适合我的工作。

　　　经理：那你觉得你适合做什么工作呢？

（3）外地朋友：什么时候到北京玩儿比较好？

　　　北京朋友：我觉得秋天最合适。

（4）大卫：我的女朋友在哪里？我什么时候才能找到女朋友？

　　　丽丽：合适的人总会在合适的时候出现。

（5）顾客：这条裤子会不会太大？

　　　店员：要是穿着不合适的话，七天以内可以拿来换。

2　V+住　V+zhù

住用在动词后作结果补语，表示牢固或稳当。

The resultative ending **zhù** indicates that an action or undertaking has become fixed or firm. This complement suggests stability and control in the verb that precedes it (e.g., to hold steady, to affix in one's memory).

[2] 刘国英：就这两个手[指]拿住，然后底下这个手[指]托住。

（1）同学A：这个留学中国的项目我去还是不去呢？

　　　同学B：你应该抓住这个机会，好好儿去中国体验一下。

（2）室友A：你不是在减肥吗？这么晚了怎么还吃东西？

　　　室友B：哈哈，没忍住。减肥太难了！

（3）妈妈：我的手机号码你记住了吗？

　　　孩子：记住了。

（4）悠扬的琴声把人们都吸引住了。

（5）这书架已经用了二十多年了，恐怕支撑不住这么一堆书。

3 初衷 chūzhōng

初衷是名词，意思是最初的心愿。**初**是开始的意思，**衷**是内心的意思。

Chūzhōng is a noun that means "original intention". **Chū** means "beginning" and **zhōng** means "inner mind".

[3] 刘国英：我们作为科技特派员呢，*最早的初衷呢，是用技术来扶持一个产业。

（1）老师：你选择汉语专业的初衷是什么？

学生：我的初衷是学好汉语，到中国来寻找发展机会。

（2）记者：你当支教教师的初衷是什么？

老师：帮助农村家庭教育留守儿童。我不会忘记这个初衷。

4 高手 gāoshǒu

高手是名词，意思是指技能（如运动、棋类、电脑）特别高超的人。**-手**指擅长某种技能的人或做某种事的人，如**选手**（参加比赛的人）、**新手**（初到某领域的人）。

Gāoshǒu is a noun that means someone with extremely high skills usually in sports, chess, or computer skills. **-shǒu** refers to someone with a certain skill. Examples include **xuǎnshǒu** (a player in a competition), **xīnshǒu** (rookie).

[5] 周大师：这个是采茶的高手师傅。

（1）中国学生：你知道李小龙吗？

外国学生：当然知道，他是真正的武术高手。

（2）今天的围棋比赛一共有八位高手参加。

（3）小王是计算机高手，你可以向他请教。

（4）欢迎大家参加今年的校园歌手大赛。现在我们有请一号选手。

（5）那辆车怎么开得这么慢？司机肯定是个新手。

5 V+不来　V+bu lái

V+不来表示没有能力或无法完成某一动作，常和**起、唱、做、买、打、学**等动词一起用。还可以表示相处不融洽，常和**谈、处、合**等动词一起用。肯定形式是**V得来**。

S+V+不来（+O）

V+bu lái expresses that the action is not possible (-**bu lái** is a negative potential complement). This could be because the subject isn't capable of doing the action (and thus used after verbs such as **qǐ, chàng, zuò, mǎi, dǎ, xué**), or it could be because the subjects can't get along well (and thus used after verbs such as **tán, chǔ, hé**). The affirmative potential resultative compound is **V+de lái**.

S+V+bu lái（+O）

[5] 周大师的徒弟：他抬不来。

（1）老师：你今天怎么又迟到了？

　　学生：真对不起，昨晚睡得太晚了，早上起不来。

（2）朋友A：我们唱这首歌吧？

　　朋友B：这是英文歌，我唱不来！

（3）同学A：这道题你做得来吗？

　　同学B：我也做不来这道题。要不问问老师吧！

（4）中国朋友：你什么球都会打，运动天赋太高了。

　　外国朋友：可是我怎么也打不来高尔夫球。

（5）朋友A：今天相亲怎么样啊？

　　朋友B：哎，我跟她谈不来。算了吧！

（6）老师：你跟你的室友有什么问题啊？

　　学生：我跟他们真的合不来，我能不能换一个宿舍？

6 不单 bùdān

不单可作为连词，意思是**不但**，用在递进复句的上半句里，下半句通常有连词**而且**或副词**还**、**也**等呼应。

In the first half of a "not only… but also…" sentence, **bùdān** is the conjunction which means "not only". The second half of the sentence (the "but also") will use the conjunction **érqiě** or the adverb **hái** or **yě**. Both parts are necessary to make the sentence make sense.

[6] 周大师：我们不单要传承，还要创新。

（1）记者：支教老师有哪些工作？

老师：老师不单要教孩子们学习知识，而且还要照顾他们的生活。

（2）同事A：你现在怎么不吃外卖吃食堂了？

同事B：食堂不单比外卖便宜，还更健康。

（3）学生A：你觉得哪个老师教得好？

学生B：我喜欢马老师的课，他不单教得好，对我们也非常关心。

7 毕竟 bìjìng

副词**毕竟**强调原因或理由，可以放在主语前面，也可以放在主语后面。疑问句不用**毕竟**，要用**究竟**（如：**你究竟在干什么？**）。

Bìjìng (adverb) is used to emphasize a reason or characteristic (in spite of considerations or expectations to the contrary, like "after all") and can be used before or after a subject. It is used in both spoken and written forms. **Bìjìng** is not used in questions, but **jiūjìng** (adverb) is, which adds emphasis to a question. (e.g., **Nǐ jiūjìng zài gàn shénme?** "What on earth are you doing?")

[7] 周大师：毕竟我们的姚明在那边当过[球员]，肯定有这个情结在里面。

（1）学生A：不用穿这么多吧，我一点儿也不冷。

学生B：现在毕竟是冬天，你还是多穿点儿吧。

（2）老师：你们毕竟是三年的室友了，有什么不能好好儿商量的？

　　　学生：谢谢老师，我会和他好好儿谈谈的。

（3）妻子：今天儿子把我的手机弄坏了，气死我了！

　　　丈夫：他毕竟只是个孩子，你没必要那么生气，修不好的话，我给你买个新的。

（4）朋友A：你究竟什么时候能到？我们等了你半小时了。

　　　朋友B：路上堵车，你们先开始吃吧。

8　不可思议　bùkě-sīyì

成语**不可思议**原是佛教用语，意思是神秘奥妙，现在形容某事物或情况无法想象或难以理解。

The idiom **bùkě-sīyì** was originally a Buddhist term that meant mysterious. Now it describes things that are unthinkable, inconceivable, incredible, and unimaginable.

[10] 高佑思：周大师说，一般每天四千斤，所以他们（平时）做（的量是）我们今天的十倍。我没办法想象这个画面。不可思议！

（1）高考数学满分，真是不可思议！

（2）这六千多千米的长城都是人工修建的，太不可思议了！

（3）所有人都在家里网上办公、上课，这在以前可真是一件不可思议的事。

9　了不起　liǎobuqǐ

了不起是形容词，意思是不平凡，优点突出。

Liǎobuqǐ (adjective) means extraordinary, prominent, amazing and terrific.

[10] 高佑思：我没办法想象这个画面。不可思议！了不起！

（1）医学家钟南山是当代中国了不起的人物。

（2）虽然考上了北京大学，但我也没觉得自己很了不起，因为同学们都比我厉害。

（3）他们能做的我们也能做，没什么了不起。

10 A是A，B是B　A shì A, B shì B

用于对举，强调对两者加以明确区分，不混为一谈。

A＋是＋A，B＋是＋B

This pattern is to emphasize that the two objects or topics should be clearly distinguished.

A＋shì＋A，B＋shì＋B

[11] 何洁辉：连开了它都会分开。这样就*是秆是秆、叶是叶了。

（1）男生：你怎么老是不接我电话啊？

女生：我们已经分手了，以后你是你，我是我，你别再来找我了。

（2）同学A：这学期的课真是越来越难了。

同学B：中级是中级，高级是高级，要求肯定不一样。

（3）朋友A：我发现美国公司的管理方法在中国有时候不太好用。

朋友B：是的，美国是美国，中国是中国，这两个国家的情况还是有很多不同的。

11 大佬　dàlǎo

大佬源于广东话，本义是**大哥**，现在被普通话吸收，主要在某个方面有权威的人，一般是资历老、辈分高、说话管用的人。

Dàlǎo, derived from Cantonese which loosely translates as "big shot" or "elder brother", is now used in Mandarin Chinese to humorously refer to a dominant or influential person in a certain field.

[12] 高佑思：我现在是一个泡茶大佬。

（1）今天我们有幸请到了金融界的几位大佬给我们做讲座。

（2）这部电影里的黑帮大佬最后被警察抓住了。

（3）这次互联网大会来了许多大佬，非常热闹。

12 在于 zàiyú

动词**在于**的意思是指出事物的本质或关键所在，后面要带宾语。结构为**A在于B**，B是A的本质或关键。

Zàiyú (verb) points out the essence or key of something, and it has to be followed by an object. The structure is **A zàiyú B**, in which B is the essence or key of A.

[15] 高佑思：可能能够给你们带来的是……更多是在于把你们的东西用网络的思维，互联网啊，新媒体，视频，[把这个故事]讲出去*这个故事，让更多的人关注。

（1）朋友A：你今天又来健身啊？

朋友B：生命在于运动嘛！

（2）室友A：你说说你是怎么减肥成功的？

室友B：减肥成功的关键不在于少吃，而在于怎么吃。

（3）记者：你认为科技特派员的意义是什么？

科技特派员：意义在于除了把茶做好以外，还要帮助当地人把茶卖好，把茶文化宣传好。

（4）老师：你说说你跟室友究竟有什么问题？

学生：我认为我们之间最大的问题在于作息时间合不来。

练 习

一、填空

| 适合 | 初衷 | 震惊 | 发挥 | 亲身 | 在于 | 擅长 |
| 合适 | 效果 | 毕竟 | 左右 | 不可思议 |

1. 朋友A：你什么时候到？大家都等你呢！

   朋友B：快了，估计十分钟_____到。

2. 学生A：你知道我们哪位老师_____书法吗？我想跟他学习一下。

   学生B：听说王老师写得不错，你找他吧。

3. 医生：你感觉这个药的_____怎么样？

   病人：我吃了以后感觉好多了。谢谢您！

4. 朋友A：我儿子一点儿也不喜欢学习，总是喜欢玩儿，怎么办啊？

   朋友B：他_____还只是个五岁的孩子，喜欢玩儿很正常。

5. 同学A：你说的这件事是真的吗？

   同学B：当然是真的！这是我_____经历的事情。

6. 朋友A：这辆车看起来不错，很漂亮，我觉得挺_____你的。

   朋友B：样子我也很喜欢，就是太贵了，不_____。

7. 老师：你是班长，要多关心照顾其他同学，_____班长的作用。

   班长：好的，老师，我会关注同学们的。

8. 记者：请问，您拍这部电影的_____是什么？

   导演：我母亲在我19岁的时候就去世了，我拍这部电影就是想纪念她。

9. 朋友A：你觉得要取得成功最重要的是什么？

   朋友B：我觉得成功_____坚持，不要害怕失败。

10. 朋友A：你听说了吗？中国只用了十天就建好了一座医院。

    朋友B：我听说了，太_____了！我真的感到很_____。

二、配对

1. 今天老师教了这么多词语，你记得住吗？
2. 这双鞋怎么样？
3. 听说你是电脑高手，是真的吗？
4. 你为什么想当老师呢？
5. 你怎么不找你哥哥帮忙呢？
6. 你觉得科技特派员发挥了什么作用？
7. 听说今天有个大佬会来我们公司，是吗？
8. 小李怎么连老板都不认识？
9. 小王唱歌唱得真不错。
10. 我写小说的初衷就是为了能一天吃三顿饺子。

A. 我是受我父母的影响。
B. 颜色不错，大小也挺合适。
C. 我是我，他是他，他不会帮我们的。
D. 没问题，我都记住了。
E. 是啊，他十五岁就开了第一家公司，二十岁就成了千万富翁，真不可思议！
F. 他毕竟刚来公司，不认识很正常。
G. 哪里，修电脑我修不来，别的还可以。
H. 他不单歌唱得好，舞也跳得不错。
I. 真的吗？您不是在开玩笑吧？
J. 他们给了我们很多帮助，起到了很好的效果。

三、完成对话

1. 朋友A：你觉得当老师怎么样？
   朋友B：_____（适合）

2. 朋友A：喝茶的时候应该怎么拿茶杯呢？
   朋友B：_____（V+住）

3. 朋友A：你为什么喜欢到处旅行？
   朋友B：我觉得旅行可以增长很多见识，_____（V+不来）

4. 朋友A：你觉得我们的汉语老师是一个怎样的人？
   朋友B：_____（不单）

5. 朋友A：高佑思的汉语很不错，不过有时候他也会说错。
   朋友B：_____（毕竟）

6. 朋友A：听说中国的服装厂一天可以生产八千条牛仔裤。

   朋友B：_____（不可思议）

7. 朋友A：小王已经说好了要给我介绍工作，这次肯定没问题。

   朋友B：_____（A是A，B是B）

8. 朋友A：你觉得成功者和普通人最大的区别是什么？

   朋友B：_____（在于）

PART 3 第三部分

准备内容
熟读视频文本,准备情境重现及口头叙述,尽量脱稿表演。

课堂活动
老师引导学生轮流进行情境重现及口头叙述,老师及时给予反馈。

情境重现

老师与学生(或学生与学生)根据提示,合理表演视频里的情境。

1. 向武夷岩茶制作技艺传承人请教品茶的方法及科技特派员的工作。
2. 向周大师了解武夷山市、武夷岩茶的发展、他的家族。
3. 参观小何老板以前的学校和他的茶园。
4. 跟小何老板交流一下,能为茶园做什么。

口头叙述

学生用自己的话,从不同的角度来复述视频里的故事。

1. 从武夷岩茶制作技艺传承人的角度,介绍一下品茶的方法和科技特派员的工作。
2. 从周大师的角度,谈谈武夷山市、自己的家族和茶企。
3. 从高佑思的角度,给不懂茶的人解释一下做茶的方法。
4. 从小何老板的角度,聊聊自己的茶园和跟高佑思交流的经历。

PART 4
第四部分

准备内容
重看视频,根据视频话题准备问题,学习主持讨论的表达,准备课堂讨论。

课堂活动
学生轮流担任主持人,带领全班同学一起讨论。

人物访谈

如果课后请视频中的人物进行访谈,主持人可以问哪些问题,这些人物会怎么回答?请老师、同学们组织一次访谈,聊聊视频中的体验和想法。也请观众回答一些问题。以下的访谈提纲供师生选择使用。鼓励学生自己准备访谈问题,并邀请视频中其他人物加入访谈。

高佑思:
1. 你作为科技特派员具体做了哪些工作?
2. 你在周大师的茶园采茶是用人工还是用机器?采了多少?
3. 你觉得你能给这些茶企带来什么?

周大师:
1. 能不能给我们介绍一下您的茶园都种了哪些茶?
2. 您的家族茶企在采茶、做茶时用的是人工还是机器?
3. 你们平常一天可以采多少茶叶?能做多少岩茶?
4. 您的茶企算是规模大的还是比较小的?

小何老板:
1. 多少年的茶树算是比较老的?
2. 怎么样能看出来茶树是老的还是新的?
3. 你希望科技特派员帮你们做什么?

观众:
1. 你了解其他的茶吗?
2. 在你们家乡流行喝什么茶或者别的饮品?

PART 5
第五部分

准备内容
根据课外实践要求，出门做任务，写下笔记，准备口头报告。

课堂活动
学生轮流进行口头报告，欢迎同学和老师提问，老师给予反馈。

课外实践

在网上了解一下武夷岩茶。哪里可以买到武夷岩茶？如果可以的话，买一些试试。武夷山市除了岩茶以外，还有哪些值得去看的地方？设计一下去那里旅行的行程，看看能不能亲身体验一下做茶、品茶。向熟悉的朋友了解一下喝茶的习惯，一般喝的都是什么茶？挑选一个你感兴趣的话题，准备一个报告，跟大家分享你的收获。

文化拓展

农村扶贫

中国城乡发展很不平衡，一些农村地区的经济较为落后。2013年有7,000万贫困农村人口。政府在2015年确立了"在2020年要使这7,000万人脱离贫困"的目标，并根据不同情况提出了不同解决方法。"科技扶贫"便是其中最有效的方法之一。政府会派遣科技特派员到农村，找出当地最适合种植的作物，并把科学的种植技术教给农民，帮助农民提高产量，增加收入。到2016年底，中国共有73.9万科技特派员，他们累计帮助了6,000万农民，让中国农业插上了科学发展的翅膀。根据最新统计，截至2020年年底，在中国现行标准下（即年人均纯收入超过4,000元人民币），农村贫困人口已全部脱贫，历史性消除绝对贫困现象。

Rural Poverty Alleviation

The development between China's urban and rural areas is very uneven, and the economy in some rural areas is relatively backward. In 2013, there were 70 million poor in the rural population. In 2015 the government set a goal to lift 70 million of the rural population above the poverty line by 2020 and proposed various solutions based on different situations. Using science and technology in poverty alleviation has proven to be most effective. The government sends agricultural experts to rural areas to find out what the most suitable crops are for the local area, and they train farmers to use the most effective agricultural techniques to grow them, increasing their local production and income. By the end of 2016, a total of 739,000 experts had helped 60 million farmers, which significantly accelerated China's agricultural development. As of the end of 2020, under China's current standard (annual per capita net income of more than 4,000 yuan), China's rural poor have all been lifted out of poverty, and for the first time, absolute poverty has been eliminated nation-wide.

ZHŌNGQIŪ JIÉ QIÁN DE YÁNGXIĒZIDIÀN

中秋节前的羊蝎子店

| 第 9 课

完整视频

导 语

　　火锅是中国独创的美食，在全国各地都非常流行。2018年中国有将近40万家火锅店，这一年人们为吃火锅共消费了4,800多亿元人民币。吃火锅也是现代中国人重要的社交方式之一。几个亲朋好友围着火锅一边吃一边聊天儿，气氛既热闹又融洽。无论是四川的麻辣火锅、广东的粤式火锅，还是昆明的菌菇火锅，总有一种适合你。对于北京人来说，羊蝎子火锅是秋冬季节必不可少的美食。"羊蝎子"和蝎子没有关系，它其实是羊背上带肉的骨头，只不过看起来有点儿像蝎子的尾巴。

　　北京人对羊蝎子火锅有着怎样的感情？在羊蝎子火锅店工作又是怎样的体验呢？让我们跟着高佑思一起去看看吧！

　　Hotpot is a Chinese-invented delicacy and is very popular all over China. In 2018, there were nearly 400,000 hotpot restaurants, where consumers spent more than 480 billion yuan. Eating hotpot is an important social event. Just imagine how lively and merry it must be when several friends and family members eat and chat surrounding a boiling pot filled with delicious broth, meats, and vegetables! Hotpot comes in multiple different varities. Be it Sichuan spicy hotpot, Guangdong seafood hotpot, or Kunming mushroom hotpot, there will be always one kind suitable for you. For Beijingers, the so-called **yángxiēzi** (lit. "lamb scorpion") **hotpot** is an indispensable delicacy during fall and winter. It has nothing to do with scorpion, but rather lamb spine which looks like a scorpion tail!

　　What sentiments do Beijingers have about the **yángxiēzi hotpot**? What is it like to work at a yángxiēzi hotpot restaurant? Let's check it out with Gao Yousi.

PART 1 第一部分

准备内容

1. 观看视频，对照文本和词汇，思考问题。
2. 自己准备几个内容问题（语言和文化都准备几个）。

课堂活动

1. 学生提问，其他同学和老师回答。
2. 老师对学生提问。

视频第一段 （开始—4分13秒）

[1]

高佑思：三个月没有拍"别见外"，三个月！这个夏天过得太轻松了吧！其实所有人都知道"别见外"很累，

第 9 课　中秋节前的羊蝎子店 | 97

每个职业*就[都]是真的很辛苦。但是我就忍不住，我就很想拍。无所谓啊！来，干活儿！

01：30 北京东三环团结湖附近

高佑思： 在拍我换衣服。

钱　多： 别让我看见（你玩儿手机），知道吗？

高佑思： 我真的……我离不开手机啊我！我一直会想着我的手机，怎么办？

钱　多： 我们不交手机是要罚款的。

高佑思： 要……要*赔钱[罚款]吗？

钱　多： 要啊。

高佑思： 多少？

钱　多： 二百。

高佑思： 两百？

钱　多： 对！把你的手机拿来给我。

高佑思： 真的吗？我……我……我……我[体验]别的职业，都从来没有人拿我的手机。

[2]

09：50 晨会准备中

经　理： 全体都有，向右看齐！向前看！亲爱的各位家人，大家早上好！

全体员工：好！很好！非常好！

经　理：现在开始点到。

高佑思：我叫高佑思，然后你们也可以叫我小高。今天来跟你们一起干，特别期待认识你们，然后希望你[们]可以教我怎么当一个好的服务员。如果我做得不对，直接说。谢谢你们！

经　理：欢迎！然后咱们给你介绍一下咱们的师傅——钱多。

钱　多：好！今天呢，就由我来带您*的这些陆续[做接下来]的工作，好吧？

高佑思：好的。

钱　多：那接下来开完例会，到时候我就带着你。

高佑思：没问题。

中秋节前的羊蝎子店，高姓服务员正式上岗。

10：00 营业前培训

钱　多：然后我先带你熟悉一下台号、桌号，好吧？因为传菜的时候*省得[免得]你传错。这边是A区嘛，A1、A2，一直排到A12。这边是B区，B1、B2。C1、C2，也是这样排的。然后咱们家呢，有两个包间。

高佑思：哇！我可能记不住这么多。

钱　多：羊蝎子就是在这个*港口[窗口]出餐。烧烤是在这个*港口[窗口]出。这边是配菜间、凉菜、饮品、收银。还有一点我们必须记住的，就是说，客人来了，我们不管认不认识，我们必须打招呼。

高佑思：怎么打招呼？

钱　多：您好，欢迎回家。

高佑思：回家？

钱　多：对呀！您好，欢迎回家。必须喊。

高佑思：您好，欢迎回家。

钱　多：对！

[4]

10:40 第一桌客人前来就餐

高佑思：您好，您好！您需要倒杯水[吗]？

顾客A：哦，好！哎哟！

高佑思：您好！对，你们是不是经常来，*所以[但是]没看到[过]我。

顾客A：对，我们经常来，没看到[过]你。你这[是]今天第一天来，是吧？

高佑思：对，今天第一天来。你们是平时来这里，是吧？

顾客A：我一年四季都吃。

高佑思：你每周会吃多少次？

顾客A：对！（每周）都会来，但不一定天天来啊。因为消化不了。

[5]

经　理：这是咱家的老顾客。你说"您那个每次都爱吃这个"，你说"今天送您一份红豆糕、豌豆黄"。

高佑思：这是什么？顾……

经　理：豌豆黄、红豆糕。

高佑思：豌豆黄、红豆糕。

高佑思：这叫……老……

顾客A：叫什么？

高佑思："老红黄"，还有"红豆颗"。

顾客A：厉害，厉害！

高佑思：对！这个是免费送[的]！

顾客A：欸，比我说得好！

高佑思：没有，没有。

顾客A：我就叫不出这名来。真的，真的。

钱　多：感觉怎么样？

高佑思：我说不出来，一上来就紧张了。

钱　多：不要紧张。

[6]

钱　多：A3、A7。

高佑思：A3、A7，是吧？

钱　多：对。

顾客B：哟，（菜）来了。

高佑思：来了，来了。

钱　多：您好，打扰一下，然后您点的什么东西必须报出来。

高佑思：这是什么？刚才你说这个菜叫什么？

钱　多：葱花饼。

高佑思：你们的油饼。这个放这里吗？还是……

厨　师：这个是放后面。

高佑思：啊，给里面。

[7]

钱　多：包间来人了！

高佑思：哪儿？

钱　多：包间V1来人了。

高佑思：在哪里？

高佑思：哇！人多了，怎么办？我先给V1客人。他要茶水。茶水是什么？

词 汇

| 羊蝎子 | yángxiēzi | [n.] | | (lit. sheep scorpion) sheep spine |

— [1] —

离不开	líbukāi		[4级]	be unable to separate from
交	jiāo	[v.]	[2级]	hand over
罚款	fá kuǎn		[5级]	pay fines
赔钱	péi qián		[7-9级]	pay the damages

— [2] —

晨会	chénhuì	[n.]		morning assembly
向右看齐	xiàng yòu kànqí			(army command) turn head to face right and shuffle to a new position
点到	diǎndào	[v.]		call the roll; take attendance
例会	lìhuì	[n.]		regular meeting
正式	zhèngshì	[adj.]	[3级]	official
上岗	shàng gǎng		[7-9级]	report for work

— [3] —

营业	yíngyè	[v.]	[4级]	do business
台号	táihào	[n.]		table number
传菜	chuán cài			serve food

排	pái	[v.]	[2级]	arrange; put in order
包间	bāojiān	[n.]		private room
港口	gǎngkǒu	[n.]	[6级]	port; harbor
出餐	chū cān			have food ready to serve
烧烤	shāokǎo	[n.]	[7-9级]	barbecue
配菜间	pèicàijiān	[n.]		food preparation room
凉菜	liángcài	[n.]		cold dish
饮品	yǐnpǐn	[n.]		beverage drinks
收银	shōuyín	[v.]		collect payment
打招呼	dǎ zhāohu			greet; say hi (招呼 [4级])

―― [4] ――

前来	qiánlái	[v.]	come here
就餐	jiùcān	[v.]	go to a dining place for one's meal
一年四季	yì nián sì jì		(lit. one-year-four-seasons) whole year round
消化	xiāohuà		digest

―― [5] ――

红豆糕	hóngdòugāo	[n.]		red bean cake
豌豆黄	wāndòuhuáng	[n.]		pea flour cake
免费	miǎn fèi		[4级]	be free of charge

[6]

打扰	dǎrǎo	[v.]	[5级]	disturb; trouble
报出来	bào chulai		[7-9级]	report aloud
葱花饼	cōnghuābǐng	[n.]		flaky green onion pancake (葱油饼 cōngyóubǐng)

[7]

| 茶水 | cháshuǐ | [n.] | | weak infusion of tea; water ready for tea |

问题

1. 谁来负责培训高佑思？

2. 羊蝎子店营业前，高佑思培训了哪些内容？

3. 高佑思把红豆糕、豌豆黄送给顾客时出现了什么问题？

小调查

请查一查什么是红豆糕、豌豆黄，怎么制作出来的。

视频第二段 （4分13秒—8分30秒）

[8]

钱　多：这应该出锅了。

高佑思：出锅了。

钱　多：你得来回跑，你知道吗？

高佑思：啊，一直来……

高佑思：你看，她一直在*奔跑[跑]。[我]这里也在*奔跑[跑]，但是……这里服务[要]微笑啊。

钱　多：这个叫麻酱。拿托盘。快快快！一定要快！

高佑思：快！快！

高佑思：打扰一下，你们的麻酱。

顾客C：再给我一个碗。

高佑思：再给我……再给个碗。好，好！

高佑思：*当[干]别的职业没必要微笑整个一天。这里每*刻[分]每秒都要微笑。好累啊！好累啊！

[9]

高佑思：A5。怎么了？

钱　多：上错菜了。

高佑思：在哪里？

钱　多：在那里。应该是人家点的是小锅，但是你给上的是大锅。

高佑思：没事。

[10]

高佑思：哦，烧烤。这个是给哪一个桌？B5。

摄像师：馋吗？

顾客A：香吗？

高佑思：啊，已经吃完了吗？

顾客A：没，我早着呢！

高佑思：早着呢。

钱　多：不允许闻，知道没？

高佑思：哦哦，不好意思，不好意思！

钱　多：因为客人要吃的。

高佑思：不好意思。

经　理：那个大姐B5的单呢？

[11]

服务员A：这上面要是有油什么的，就得这样擦。给这个锅圈儿里面加点儿水，是为了让这个锅圈儿的洼儿下次擦的话更好擦一点儿，然后这个（杯子）放在这儿。

高佑思：OK！

高佑思：它对你的要求太多了。不是那种身体累什么[的]，[或者]精神累，它是那种同时要服务好多人，然后你的态度，加上速度，那种小小的细节，哎，很难解释。

[12]

高佑思：还需要什么？

13:40 第一桌客人已经来了三个小时

顾客A的朋友：看看吧，等我们那个……

高佑思：那个老顾客是一个人。

钱　多：对！

高佑思：总是一个人来？

钱　多：那个大爷经常一个人来，有时候他会带他的朋友吧。很少跟一帮人吃饭。知道吗？几乎*有时候[就]是自己。

高佑思：所以这个地方其实[是]他的家的一种[感觉]，他会感受到安全，然后这里有……

[13]

高佑思：啊，您好！

顾客A：高儿！

高佑思：啊。

顾客A：高儿啊，[来]几片西瓜。

钱　多：好嘞。西瓜。

顾客A：几片，不要多了啊！三四片。

高佑思：三四片。没问题。

顾客A：就三四片啊，不要多。

高佑思：没问题，就三四片。

高佑思：谢谢，就放这里。

高佑思：西瓜。

顾客A：谢谢。多了。就是它。

高佑思：就应该的！

顾客A：谢谢！

[14]

高佑思：好香啊！我就来这儿啊。

服务员B：来，坐这儿。

高佑思：没有，不用不用！没事……坐坐！大家都是本地人吗？还是来自*于……

服务员B：来自*于五湖四海。

高佑思：是吗？你们的家人，真正的家庭都在北京吗？

服务员B：我姑娘在北京。

高佑思：可以啊！

服务员B：在光华*大学[学院]里边打工呢。

高佑思：打工呢。

服务员B：嗯。

高佑思：然后你[是]*才为了她*是[才]找了一个北京的工作吗？

服务员B：不是。

高佑思：那为什么来北京？

服务员B：我想来北京打工。

[15]

高佑思：他很棒的，他什么都干。早上干了厨师，下午当服务员。你什么时候来北京的？

服务员C：我五岁的时候就来北京了。

高佑思：是吗？跟谁来的？

服务员C：跟我叔他们。我不上学，没意思。

高佑思：难吗？还是……

服务员C：难！

高佑思：难。

服务员C：你去学校体验体验去。

高佑思：中国的学校？

服务员C：对，中国的学校。

高佑思：是你自己不想学，还是你就为了赚钱出来打工？

服务员C：我自己不上学的。

高佑思：那你觉得什么东西才是有意思的？

服务员C：啊？我现在就挺有意思的！

高佑思：那你喜欢这个（现在的生活）吗？

乡土的痕迹渐渐消逝，城市的归属遥遥无期，服务员是现代的游牧者。

词 汇

── [8] ──

出锅	chū guō			leave the pot/wok (锅 [5级])
来回	láihuí	[adv.]	[7-9级]	back and forth
麻酱	májiàng	[n.]		sesame paste

托盘	tuōpán	[n.]		serving tray

[9]

上菜	shàng cài			serve food

[10]

馋	chán	[adj.]	[7-9级]	to be tempted by food and want to eat for entertainment
闻	wén	[v.]	[2级]	smell

[11]

擦	cā	[v.]	[4级]	wipe; rub
锅圈儿	guōquānr	[n.]		circular wok stand
洼儿	wār	[n.]		low-lying area
精神	jīngshén	[n.]	[3级]	spirit; mind
细节	xìjié	[n.]	[4级]	detail

[12]

大爷	dàye	[n.]	[4级]	(respectful address for an elderly man)

[13]

好嘞	hǎo lei			(coll.口语词) all right; OK

[14]

本地人	běndìrén	[n.]		a person from this area; a local (本地 [6级])
光华学院	Guānghuá Xuéyuàn	[p.n.]		北京大学光华管理学院 Běijīng Dàxué Guānghuá Guǎnlǐ Xuéyuàn Guanghua School of Management at Peking University

[15]

乡土	xiāngtǔ	[n.]		native soil; home village
痕迹	hénjì	[n.]	[7-9级]	mark; trace
消逝	xiāoshì	[v.]		fade away
遥遥无期	yáoyáo-wúqī			(lit. far-far-no-time-limit) not realizable within the foreseeable future
现代	xiàndài	[n.]		modern times
游牧者	yóumùzhě	[n.]		people who move about in search of pasture

问 题

1. 高佑思为什么觉得当服务员很累？

2. 羊蝎子火锅店的服务员都来自哪里？为什么来北京？

3. 钱多觉得高佑思哪里做得不合适？

视频第三段 （8分30秒—13分02秒）

[16]

16：50 下午店里迎来了又一批客人

高佑思：（这是）小锅、大锅。我特别建议你们两个人，可能如果比较饿的话，精品小锅挺好的。

顾客D：我们是这儿四楼的。

高佑思：啊，四楼的。四楼有什么？

顾客D：我们是足疗店。

高佑思：那你们中秋节还工作吗？还是放假了？

顾客D：工作！

高佑思：工作。

高佑思：哎呀！他们有点儿 *来[聊]不开。最近工作忙了或者什么，心情不太好。他们完全没有 *跟得上[跟上]这个中秋节的气氛。中秋有一群人都不会放假，我们，他们，很多人。

[17]

中秋节前的晚上，餐馆里坐满了形形色色的人们。

高佑思：因为你们这里大概五个人，可以点精品的，肉比较多。小心一点儿，小心一点儿！

顾客E：小心你的手啊！

高佑思：对！没关系！

顾客F：这里面有什么东西啊？

高佑思：有羊蝎子，然后羊排。

高佑思：好了吗，这个？

厨　师：好了。OK！

钱　多：那边加四套（餐具）啊，四个。

高佑思：这里，是吧？

钱　多：对的。

顾客G：我们家附近就有一个，现在关门了。

高佑思：哦，关门了。

顾客G：没有了，所以我们就选这家了。

高佑思：太好了。

顾客H：因为明天就要过节了，我今天是一个人，明天可能就两个人了。

高佑思：OK！

[18]

高佑思：所以你们是每周会一起聚餐吗？

顾客I：我们有两年没见了。

高佑思：不会的吧？两年啦？正好你[们]都在北京，所以可以见面吗？

顾客J：我在杭州啊。

高佑思：所以你就来北京看她？

顾客J：对啊。

高佑思：团圆快乐。

[19]

顾客K：Lamb penis?

高佑思：Yes.

顾客K：How big?

高佑思：You want two, right? You want two of them, right?

[20]

高佑思：是吗？香港的吗？

顾客L：这是澳门的。Macao.

高佑思：还有澳门的。哇！你们都是来这里工作，还是过中秋节什么[的]？

顾客L：我们找工作。

[21]

顾客M：他爸爸是我弟弟。

高佑思：啊，是这样子。然后你是来带带他吗？来带他工作吗？那父亲呢？他做什么的？也是一起*做[工作]的吗？

顾客M：不，他父亲在东北。

高佑思：在东北。

[22]

顾客N：陕西。

高佑思：陕西。

顾客N：今年可能回不了。

高佑思：为什么回不了？

顾客N：还需要上班，加班。

高佑思：是吗？你们是做什么领域[的]？

顾客N：电影后期。电影。

高佑思：啊，电影后期很棒！

[23]

高佑思：都是外卖[员]？

顾客O：都是外卖小哥。

高佑思：是吗？你们是不是*奔跑[跑]了一整天？我当时从八点或者八点半到晚上凌晨零点。

顾客O：三点。

高佑思：三点，你们？那今天[怎么]这么早[就]来了？算是早[的]吧。

[24]

高佑思：其实我也在这两天时间看[到]了很多不同的人，感觉就代表一座城市里面的各种角色，所以……其实当个服务员有自己的一种收获。这个工作其实非常非常棒的，而且我在以色列很多朋友*们也都是当服务员。是一个应该尊重的*一个工作，所有服务行业去干的事，大家都值得去尊重、去感谢。现在如果你（身边）有一个服务员，你现在在吃着饭看这个视频，或者你在……就是马上要去吃饭，你就记得跟服务员说声"谢谢"，感谢他/她的服务。

高佑思：筷子放在这里吗？

经　理：不，底下有个桶。

高佑思：啊，底下有。

[25]

餐馆喜欢收集各色的故事，初识的、重逢的、分离的、相守的，有酒、有肉、有鼎沸的人声。

现代生活将我们疏离成原子，不懂诉说，不愿认同，不去联结，但人总爱被群体包裹。

抛去同质化的单调，卸下符号化的精致，餐馆是都市的温柔。

词 汇

[16]

精品	jīngpǐn	[n.]	[6级]	premium
足疗	zúliáo	[n.]		foot massage
放假	fàng jià			have or be on a holiday

[17]

坐满	zuòmǎn			fill all the seats
形形色色	xíngxíngsèsè	[adj.]	[7-9级]	(lit. appearance-appearance-color-color) of all different outward appearances and colors; of all kinds

羊排	yángpái	[n.]		lamb chop
套	tào	[m.]	[2级]	(for sets)
餐具	cānjù	[n.]		tableware (e.g., plate, cup, chopsticks)
过节	guò jié		[7-9级]	celebrate a festival

— [18] —

聚餐	jù cān			get together for a meal
杭州	Hángzhōu	[p.n.]		Hangzhou (capital of Zhejiang Province)
团圆	tuányuán	[v.]	[7-9级]	reunite (as a family)

— [20] —

香港	Xiānggǎng	[p.n.]	Hong Kong
澳门	Àomén	[p.n.]	Macao

— [21] —

东北	Dōngběi	[p.n.]	Northeast China (usually Liaoning, Jilin, Heilongjiang Provinces)

— [22] —

陕西	Shǎnxī	[p.n.]		Shaanxi Province
领域	lǐngyù	[n.]	[7-9级]	professional field

| 电影后期 | diànyǐng hòuqī | | | postproduction of movies (后期 [7-9级]) |

---

[24]

声	shēng	[m.]		(for sounds)
桶	tǒng	[n.]	[7-9级]	bucket

---

[25]

收集	shōují	[v.]	[5级]	collect
各色	gèsè	[adj.]		of all kinds
初识	chūshí	[v.]		meet for the first time
重逢	chóngféng	[v.]		meet again (after a long time)
相守	xiāngshǒu	[v.]		look after each other (for a long time)
人声鼎沸	rénshēng-dǐngfèi			a hubbub of voices (人声 human voices; 鼎沸 water is boiling in a big pot bubbling like in a cauldron)
疏离	shūlí	[v.]		cause someone to feel isolated
原子	yuánzǐ	[n.]		atom
诉说	sùshuō	[v.]	[7-9级]	tell emotionally
认同	rèntóng	[v.]	[6级]	agree; recognize
联结	liánjié	[v.]		connect; tie
群体	qúntǐ	[n.]	[5级]	group; community

包裹	bāoguǒ	[v.]	[4级]	wrap up; bind up
抛去	pāoqù			throw something away somewhere lightly
同质化	tóngzhìhuà	[v.]		make uniform or similar; homogenize
单调	dāndiào	[adj.]	[4级]	dull; repetitious
卸下	xièxià			unload; remove
符号化	fúhàohuà	[v.]		symbolize (符号[4级])
精致	jīngzhì	[adj.]	[7-9级]	delicate; exquisite
都市	dūshì	[n.]	[6级]	big city; metropolis
温柔	wēnróu	[adj.]	[7-9级]	gentle and soft

问 题

1. 从四楼足疗店来的顾客为什么有点儿聊不开？

2. 来羊蝎子火锅店的外卖小哥平时晚上工作到什么时候？

3. 高佑思希望看到视频的观众能做什么？

PART 2 第二部分

准备内容

1. 学习语言点，熟读课文例句及其他例句。
2. 完成书面练习。

课堂活动

1. 讨论语言点例释，流利地表演例句情境。
2. 讨论书面练习。

语言点

1 忍不住 rěnbuzhù

忍不住表示不能控制自己的感情、行为等。**忍**是动词，意思是控制感情、行为等，使不表现出来，**不住**是可能补语。

Rěnbuzhù means "can't bear" or "can't help doing something". **Rěn** is a verb, means "to endure one's emotion or behavior". **–bu zhù** is a negative potential complement "not able to undertaking an action firmly".

[1] 高佑思：但是我就忍不住，我就很想拍。

（1）室友A：还要等多久？我要忍不住了！

　　室友B：再给我五分钟，我马上就出来了。

（2）同学A：你怎么又买奶茶了？

　　同学B：没办法，我一看到奶茶就忍不住想喝。

（3）看到熊猫可爱的样子，大家忍不住笑了起来。

2 由 yóu

介词**由**可以表示某事归某人去做，归某人负责。在较正式的场合中常用。

Topic+**由**+Person+VP

Yóu is used to indicate the person who performs the action of the verb. It is common in formal contexts such as business communications.

Topic+**yóu**+Person+VP

[2] 钱多：今天呢，就由我来带您*的这些陆续[做接下来]的工作，好吧？

（1）小马：经理，这件事由我来做吧。

经理：好的，需要大家做什么由你安排。

（2）朋友A：网店注册由你负责吧。

朋友B：行，那你把要注册的账号和密码告诉我。

3 比较：陆续—接下来 lùxù—jiē xialai

陆续是副词，表示动作行为前后相继、时断时续。动作或现象是已经发生的。重叠形式是**陆陆续续**。**陆续、陆陆续续**一般放在主语后面、谓语前面。

接下来是短语，表示将来要做的事情，用作定中短语的定语或后面连接句子。

Lùxù is an adverb that expresses "one after another" for actions that have already occurred. The reduplicated form is **lùlu-xùxu**. **Lùxù** and **lùlu-xùxu** are usually used after the subject and before the predicate.

Jiē xialai is a phrase that refers to "in the time that comes" and is used for things to do. **Jiēxialai** can modify a noun as a phrase with **de** or it can connect sentences.

[2] 钱多：今天呢，就由我来带您*的这些陆续[做接下来]的工作，好吧？

（1）我们在这个地区陆续发现了很多煤矿。

（2）这两天来参加世博会的各国嘉宾陆续抵达上海。

（3）11点考试结束，学生们陆陆续续走出考场。

（4）员工：我的年终报告说完了，谢谢大家！

经理：很好！那接下来咱们讨论一下拓展线上销售的问题。

（5）室友A：接下来的这几天我可能回来得比较晚。

室友B：公司又要加班了吗？

4 比较：省得—免得 shěngde—miǎnde

省得和**免得**都是连词，都可以用于目的复句的后一分句，连接某种不希望发生的事情。

省得的重点在省去多余的事，如金钱、时间、人工、精力等。

免得的重点在避免错误、损失或事故等。

Shěngde and **miǎnde** "save (someone) from…" "so as to avoid…" are both conjunctions and are preceded by a sentence describing the proposed solution to an undesirable outcome.

Shěngde is used more for undesirable outcomes including consuming money, time, labor, and energy.

Miǎnde is used more for undesirable outcomes including mistakes, losses, and accidents.

[3] 钱多：然后我先带你熟悉一下台号、桌号，好吧？因为传菜的时候*省得[免得]你传错。

（1）我不去健身房，我喜欢自己跑步，省得花钱。

（2）因为超市比较远，还得开车，所以我一周只买一次菜，省得每天都得去。

（3）这个问题我们还是自己想想办法吧，省得麻烦别人。

（4）考完试如果还有时间，就再好好儿检查一下，免得出错。

（5）今天会很冷，你多穿点儿衣服，免得感冒。

（6）你最好赶快把车停到停车场里，免得交警罚款。

（7）不要随便把个人信息告诉别人，免得被骗。

5 没必要 méi bìyào

没必要表示说话人认为某事不是不可缺少，并非一定要做，常用于提出看法或建议。前面可以加副词**很**、**完全**、**根本**等，一般不用**非常**。肯定形式是**有必要**，前面可以加副词**很**、**完全**、**非常**等，不用**根本**。

> Ⅰ.S+没/有必要+VP

> Ⅱ.S+VP+没/有必要

Méi bìyào expresses that something is not necessary to do. It is commonly used in expressing opinions or suggestions. The adverbs **hěn**, **wánquán** and **gēnběn** (but not **fēicháng**) can come before **méi bìyào**. The positive form is **yǒu bìyào**. The adverbs **hěn**, **wánquán** and **fēicháng** (but not **gēnběn**) can come before **yǒu bìyào**.

> Ⅰ.S+méi/yǒu bìyào+VP

> Ⅱ.S+VP+méi/yǒu bìyào

[8] 高佑思：*当[干]别的职业没必要微笑整个一天。

Ⅰ.（1）朋友A：你看看这个手机怎么样？

　　朋友B：我觉得没必要买这么贵的。

（2）同学A：期末考试会不会很难？

　　同学B：李老师人很好，听说她会帮我们复习一下，你完全没有必要担心。

Ⅱ.（3）母亲：你要不要上这个暑期班？

　　孩子：上这个没有必要，老师以后会教的。

（4）同学A：你知道吧？学校以后不允许我们带手机进教室了。

　　同学B：我认为这样做根本没有必要，我们已经不是小孩子了。

（5）朋友A：你觉得养老保险有没有必要买？

朋友B：非常有必要，我已经买了。

6 ……着呢 ……zhene

助词**着呢**用在形容词后，表示说话人肯定、强调某种性质或状态，有时带有说服对方的意味。常用的形容词有**早、多、好、远、漂亮、聪明**等。形容词的前面不能再加**很**、**非常**等程度副词。

（S+）Adj.+**着呢**

The suffix zhene can be attached to various kinds of adjectives to indicate a strong degree of a state at present and can sometimes be persuasive. Zǎozhene means "it is still early" or "it is quite early". Common adjectives include zǎo, duō, hǎo, yuǎn, piàoliang, and cōngming. Degree adverbs such as hěn or fēicháng should not be added before the adjective.

（S+）Adj.+ zhene

[10] 高佑思：啊，已经吃完了吗？

顾客A：没，我早着呢！

（1）客人：时间不早了，我该回家了。

主人：时间还早着呢，在我这儿吃完饭再走吧。

（2）同学A：哎，这次我没拿到奖学金。

同学B：机会多着呢，你不用着急。

（3）老王：听说你最近身体不太舒服，你还好吧？

老李：谁告诉你的？我身体好着呢！

（4）乘客：我们是不是快到长城了？

导游：还远着呢，还要差不多一个小时。

（5）朋友A：你见过小王的女朋友吗？

朋友B：见过，他女朋友漂亮着呢。

（6）丈夫：咱们离婚的事儿先别告诉孩子。

　　妻子：你以为不说他就不知道吗？现在的孩子聪明着呢。

7 帮 bāng

量词**帮**用于日常口语，指一群人，如**一帮人、一帮朋友、一帮学生**等。

Bāng is used as a measure word used colloquially and humorously for "a gang" of people, such as **yì bāng rén, yì bāng péngyou, yì bāng xuésheng**.

[12] 钱多：那个大爷经常一个人来，有时候他会带他的朋友吧。很少跟一帮人吃饭。

（1）妻子：你今天又不在家吃饭啊？

　　丈夫：我要跟一帮老朋友一起吃个饭，吃完就回来。

（2）同事A：今天公司里怎么来了一大帮学生？

　　同事B：他们都是大学生，放假了来我们公司实习。

（3）朋友A：听说这部电影非常好看，讲了一帮年轻人如何改变世界的故事。

　　朋友B：那我们周末一起去看吧。

8 几乎 jīhū

副词**几乎**的意思是接近、差不多、差点儿，用来强调非常接近某种情况或状态。**几乎**常与**都、每、全**连用，也可与**不、没有**连用。

The adverb **jīhū** "nearly" or "almost" is used to emphasize that someone or something is very close to a state or an action. **Jīhū** is often used with words that mean "all" (e.g., **dōu, měi, quán**) and with words that mean "none" (e.g., **bù, méiyǒu**).

[12] 钱多：那个大爷经常一个人来，有时候他会带他的朋友吧。很少跟一帮人吃饭。知道吗？几乎*有时候[就]是自己。

（1）室友A：你多久去游一次泳？

　　　室友B：我几乎每天都去。

（2）同学A：老同学，我都认不出你了！你的头发几乎全白了。

　　　同学B：毕业四十年了，时间过得太快啦！

（3）老师：你的中文说得真不错，听上去几乎跟中国人一样。

　　　学生：哪里，哪里，还差得远呢。

（4）朋友A：最近在朋友圈很少看到你发消息。

　　　朋友B：我现在几乎不发朋友圈了。

（5）老师A：听说你们学校男生很少，是不是真的？

　　　老师B：以前几乎没有男生，不过现在多起来了。

（6）学生A：我的书你看完了吗？什么时候还给我呀？

　　　学生B：要不是你提醒我，我几乎都忘了，明天还给你吧。

9　来　lái

来可以代替意义更具体的动词，表示做某个动作，在饭馆里常用于点菜、点酒水饮料。

Lái can be a verb substitute for other verbs with more specific meanings. In this case, it is used to request food or beverages in a restaurant.

[13] 顾客A：高儿啊，[来]几片西瓜。

　　钱　多：好嘞。西瓜。

（1）同学A：我们来一场乒乓球比赛，怎么样？

　　　同学B：好呀，好呀！

（2）服务员：两位要点儿什么？

　　　顾　客：来一个麻婆豆腐，再来一个鱼香肉丝。

（3）服务员：啤酒来几瓶？

顾　客：先来一瓶吧，要冰的。

10 比较：跟得上—跟上　gēndeshang—gēnshang

跟得上的**上**是可能补语，**跟得上**表示可能性，意思是能够跟上。否定形式是**跟不上**。

跟上的**上**是结果补语，**没有跟上**表示没有跟上别人动作的节奏或状态。本课中用**没有跟上**或**跟不上**都可以，**没有跟得上**的说法是错的。

Gēndeshang "be able to catch up" is a potential resultative compound, which indicates ability (i.e., "can"). The negative form is **gēnbushang** "not be able to catch up".

Gēnshang is a resultative compound "keep pace with; catch up with" and therefore **méiyǒu gēnshang** "did not catch up". In this lesson either **méiyǒu gēnshang** or **gēnbushang** is correct. But **méiyǒu gēndeshang** does not exist.

[16] 高佑思：他们完全没有*跟得上[跟上]这个中秋节的气氛。

（1）母亲：你教教我怎么用支付宝吧，我快跟不上时代了。

孩子：没问题，你先下载一下支付宝App吧。

（2）学生：老师，麻烦您以后能不能说慢一点儿？我有点儿跟不上。

老师：没问题，今天的课有什么地方不懂吗？

（3）父亲：我儿子学习怎么样？跟得上吗？

老师：他不太努力，有点儿跟不上其他同学。

（4）老师A：张明怎么还在高二，没上高三？

老师B：他是转学来的，基础不好，看看接下来能不能跟上吧。

练 习

一、填空

> 几乎　忍不住　罚款　陆续　消化　着呢　必要
> 省得　赔　套　帮　团圆　细节

1. 妈妈：你再多带几件厚点儿的衣服吧！
   孩子：我只是出去玩儿三天，没_____带那么多衣服，箱子也放不下。

2. 朋友A：你怎么了？没事吧？
   朋友B：不好意思，我妈妈病了，我一想起她就_____想哭。

3. 同事A：你今天怎么没开车上班？
   同事B：我昨天开车超速被警察_____了，还不小心撞上了一辆自行车，_____了五百块钱，真倒霉。

4. 学生：老师，我这篇作文有什么问题吗？
   老师：写得不错，不过还要注意错别字、标点符号这些_____。

5. 朋友A：你今年春节什么时候回家？
   朋友B：我打算提前三天回，已经两年多没回家_____了，得回去看看父母。

6. 朋友A：你这么喜欢吃火锅，怎么不天天吃呢？
   朋友B：偶尔吃吃还行，天天吃肯定_____不了。

7. 服务员：您好！请问您有什么需要？
   顾　客：麻烦给我们加一_____餐具。

8. 朋友A：今天还有谁一起吃饭？我认识吗？
   朋友B：你不认识，是我父亲的一_____老朋友。

9. 朋友A：今天人真多，_____都坐满了。
   朋友B：是啊，大佬来演讲，大家都想来听听。

10. 朋友A：已经十点了，我送你回家吧，_____你父母担心。

    朋友B：现在还早_____，我们再去KTV唱会儿歌吧。

11. 记者：您在四十年时间里_____出版了十部长篇小说，您对哪部小说最满意呢？

    作家：我对每部小说都不太满意，最满意的是我的下一部小说。

二、配对

1. 你去过苏州吗？
2. 晚上我们去吃火锅吧。
3. 中秋节你怎么也不回家？
4. 我们公司的同事都来自什么地方？
5. 我们明天去爬山，怎么样？
6. 你加我微信吧，有事就给我发微信，省得来回跑了。
7. 你觉得今天的课怎么样？
8. 听说你新交了一个女朋友，聊得怎么样？
9. 周末老同学一起聚餐，你来吗？
10. 你最近太累了，要不要请假休息一下？

A. 好呀，不过我们经常去的那家店关门了，得换一家。

B. 五湖四海，哪儿都有。

C. 好的，谢谢！

D. 当然，那儿漂亮着呢，下次带你一起去。

E. 事情太多了，回不了，没办法。

F. 没事，我辛苦一点儿无所谓，你能理解我就好。

G. 孩子小，离不开我，参加不了。

H. 最近连续下了两天雨，我们还是去看电影吧。

I. 我们很聊得来，打算下周见个面。

J. 老师讲得太快了，我有点儿跟不上。

三、完成对话

1. 朋友A：电脑坏了，明天我想找李老师看一下，听说他会修电脑。

   朋友B：_____（省得）

2. 朋友A：跑马拉松真累啊！我们什么时候才能到终点呢？

   朋友B：_____（……着呢）

3. 朋友A：你有什么爱好吗？

   朋友B：_____（几乎）

4. 朋友A：你教教我怎么拍抖音短视频吧。

   朋友B：_____（跟得/不上）

5. 朋友A：听说你昨天和人相亲了，感觉怎么样？

   朋友B：_____（聊不开/来）

6. 记者：有的城市规定地铁里不允许吃东西，你怎么看？

   路人：_____（有/没必要）

PART 3
第三部分

准备内容
熟读视频文本，准备情境重现及口头叙述，尽量脱稿表演。

课堂活动
老师引导学生轮流进行情境重现及口头叙述，老师及时给予反馈。

情境重现

老师与学生（或学生与学生）根据提示，合理表演视频里的情境。

1. 顾客前来就餐，服务员提供服务，合适的时候跟顾客聊聊天儿。
2. 培训新上岗的服务员，让他们了解羊蝎子火锅店的工作。
3. 跟店里其他服务员聊聊天儿，了解一下他们的工作和生活。

口头叙述

学生用自己的话，从不同的角度来复述视频里的故事。

1. 从高佑思的角度，介绍一下自己在羊蝎子火锅店的工作。
2. 从高佑思的角度，分享一下在羊蝎子火锅店遇到了哪些顾客。
3. 从顾客A（大爷）的角度，聊聊自己在羊蝎子火锅店的经历和对老外服务员的印象。
4. 从师傅钱多的角度，谈谈羊蝎子火锅店的情况和高佑思的表现。

PART 4
第四部分

准备内容

重看视频,根据视频话题准备问题,学习主持讨论的表达,准备课堂讨论。

课堂活动

学生轮流担任主持人,带领全班同学一起讨论。

人物访谈

如果课后请视频中的人物进行访谈,主持人可以问哪些问题,这些人物会怎么回答?请老师、同学们组织一次访谈,聊聊视频中的体验和想法。也请观众回答一些问题。以下的访谈提纲供师生选择使用。鼓励学生自己准备访谈问题,并邀请视频中其他人物加入访谈。

高佑思:
1. 你作为羊蝎子火锅店的服务员,具体做了哪些工作?
2. 你遇到了哪些顾客?
3. 你觉得体验羊蝎子火锅店的工作有什么收获?

师傅钱多：
1. 能不能给我们介绍一下在羊蝎子火锅店的工作？
2. 你对高佑思的印象怎么样？他服务员当得怎么样？
3. 你们的羊蝎子火锅店平时有什么样的顾客？

顾客A（大爷）：
1. 羊蝎子火锅店有哪些好吃的？
2. 您对高佑思的印象怎么样？

观众：
1. 你认为高佑思服务员当得怎么样？为什么？
2. 你对哪位顾客的印象比较深？

PART 5 第五部分

准备内容

根据课外实践要求,出门做任务,写下笔记,准备口头报告。

课堂活动

学生轮流进行口头报告,欢迎同学和老师提问,老师给予反馈。

课外实践

向熟悉的朋友或者在网上了解一下,哪里有羊蝎子火锅店,具体介绍一下他们的食材、价位、评论等。如果有机会可以去试试,分享一下你吃羊蝎子火锅的经历。向中国人了解一下他们过不过中秋节,如果过的话,是怎么过的?挑选一个你感兴趣的话题,准备一个报告,跟大家分享你的收获。

文化拓展

中秋节

每年农历八月十五日是中国的中秋节。因为农历八月是秋季中间的月份,而十五日又是每个月中间的一天,所以被称为"中秋节"。中秋节夜晚的月亮在一年中最为圆满明亮,因此,中国人就把这一天定为节日,并有了赏月、吃月饼的习俗。中秋节又叫"团圆节",因为人们认为团圆是世界上最美好的事情,许多中国古代的文学作品也都以团圆作为结局。这一晚人们都会和家人坐在一起吃"团圆饭",当天晚上吃的月饼也叫作"团圆饼"。

Mid-Autumn Festival

The Mid-Autumn Festival traditionally falls on the 15th day of the eighth month in the lunar calendar (which is typically in September or early October). It's called "mid-autumn" because the eighth lunar month is the middle month of autumn, and the 15th is the middle day of a month. The moon that night is considered the fullest and brightest in the year. Therefore, Chinese people set this day as a holiday and have a custom of viewing the bright full moon and eating moon cakes. The Mid-Autumn Festival is also called "Reunion Festival", as reunion is considered to be one of life's greatest joys. Many ancient Chinese literary works also end with reunion. On the night of Mid-Autumn Festival, people eat "reunion dinner" with their families, and the moon cakes eaten that night are also called "reunion cakes".

GǓCHÉNG LI DE KUÀIDÌYUÁN

古城里的快递员

第 10 课

完整视频

导　语 ▶▶

　　网购已成为当代中国人生活必不可少的一部分。2019年中国快递业务量达635亿件，相当于每个中国人收到了45件快递。为了让顾客能够在最短时间内收到商品，中国快递行业使用了116架快递专用飞机，开通了451条快递高铁线路，当然最重要的是300万快递员的辛苦工作。每位快递员平均每天要走一万五到三万步，尤其是在一些交通不方便的地区，快递员每天还要走更远的路，付出更多的汗水。

　　湖南凤凰古城是国家历史文化名城。在凤凰古城步行送快递会是怎样的感受呢？让我们跟着高佑思一起体验一下吧！

Online shopping has become an important part of Chinese people's lives. In 2019, Chinese couriers sent 63.5 billion packages by express delivery (kuàidì). This means that on average, each person would receive 45 pieces of express delivery that year. To send delivery faster, the Chinese express delivery industry used 116 dedicated airplanes and opened 451 high-speed rail lines. Of course, one cannot forget the invaluable hard work of the 3 million couriers themselves. Many couriers walk an average of 15,000 to 30,000 steps a day. In places where transportation is not available, couriers must make their exhausting deliveries on foot.

　　Fenghuang old town in Hunan Province is recognized as a National Historic and Cultural Town. What is it like to be a courier in the Fenghuang old town where couriers have to walk to deliver packages? Let's check it out with Gao Yousi!

PART 1 第一部分

准备内容

1. 观看视频,对照文本和词汇,思考问题。
2. 自己准备几个内容问题(语言和文化都准备几个)。

课堂活动

1. 学生提问,其他同学和老师回答。
2. 老师对学生提问。

▶ 视频第一段 （开始—4分00秒）

[1]

2018.10.12 铜仁凤凰机场

高佑思:哈哈,我们到凤凰(古城)啦!这一次"别见外"

团队又到了一个新的地方。天气变得超*浪[冷]之前,可以再来体验一个新的职业。那这次职业是你们所熟悉的快递员啊。很多人跟我说:"啊,你是不是已经做了外卖?送了那么多外卖,是不是差不多[了]?"我觉得完全不一样,快递员简单多了,他的那种订单的时间没有那么急,可以更放松地去送,所以我觉得不会那么累吧。是吧?

[2]

高佑思: 早上八点来上班,而且下雨啦!完美!快递的话,我经常用,经常收到,但是从来没有真正送过这种快递。那我们看看,今天会是怎么样的一天。Let's work!

张师傅: 你好,你好!

高佑思: 你好,你好!

张师傅: 欢迎,欢迎!

高佑思: 欢迎,欢迎啊!我是高佑思,但是你们可以叫我小高。

张师傅: 小高。

高佑思: 小高,对。

快递员组长: 兄弟们,早上好!

全体员工: 您好!京东物流!

快递员组长: 兄弟们,早上好!

全体员工: 一天更比一天好!

快递员组长：兄弟们，早上好！

全体员工：客户好才是真的好！

[3]

高佑思：会有一些……送一些很沉很大的东西吗？

张师傅：一般老城区或者是酒吧一条街，他有时会下订单的话，就是那种酒水、饮料，然后那个牛奶之类的，那种牛奶一件有三十多斤重。

高佑思：嗯，很好。我们开车吗？还是……

张师傅：没有，古城区是进不了车的，都有栏杆、护栏拦着的，不让进去的。

高佑思：那我们要走路？

张师傅：走路，步行。

高佑思：真的吗？

张师傅：真正的步行！

高佑思：没有人告诉我这个。

[4]

9：00 全部货物进站，开始卸货、分拣

高佑思：一、三、二，第二个。七？七是什么？我又看不懂。（这个洗衣机）是我们的吗？

张师傅：对！

高佑思：要步行，要走路吗？

张师傅：要走路，对！

高佑思：开玩笑的吧？Oh my God!

张师傅：还有酒水（要步行）。刚才有六件牛奶嘛！

高佑思：哦，牛奶最重！

[5]

10：00 第一批货物开始配送

摄像师：他们两个骑那个车好像有点儿吃力。车吃力，人也吃力，因为那个车太小了。

高佑思：没事！

张师傅：慢点儿！

高佑思：OK!

张师傅：可以吗？

高佑思：喔，可以！我怕会掉。你给我，我来。

张师傅：这个抱着。我们往那个方向走吧！

高佑思：你好！

张师傅：你先进去吧。

高佑思：麻烦你签个字。谢谢你！

顾客A：谢谢！看着啊，台阶！

高佑思：谢谢！

张师傅：第一单啊，今天。

高佑思：We did it! 做到了。第一单，好的开始！

词 汇

| 古城 | gǔchéng | [n.] | | old town |

[1]

铜仁凤凰机场	Tóngrén Fènghuáng Jīchǎng	[p.n.]		Tongren Fenghuang Airport (Tongren, Guizhou Province)
凤凰	Fènghuáng	[p.n.]		Fenghuang (in Hunan Province)
超	chāo	[adv.]		(coll.口语词) super
急	jí	[adj.]	[2级]	urgent

[2]

| 兄弟 | xiōngdì | [n.] | [4级] | male friend; brother |
| 京东物流 | Jīngdōng Wùliú | [p.n.] | | JD Logistics (a supply chain and logistics services for the e-commerce platform JD.com) (物流[7-9级]) |

[3]

| 城区 | chéngqū | [n.] | [6级] | urban area |

酒吧一条街	jiǔbā yìtiáojiē			bar (for alcoholic drinks) street (酒吧[4级])
下订单	xià dìngdān			place order
酒水	jiǔshuǐ	[n.]	[6级]	alcoholic and non-alcoholic beverages
件	jiàn	[m.]	[2级]	(for packages)
栏杆	lángān	[n.]	[7-9级]	railing
护栏	hùlán	[n.]		guardrail
拦	lán	[v.]	[7-9级]	block
步行	bùxíng	[v.]	[4级]	go on foot

═══ [4] ═══

货物	huòwù	[n.]	[7-9级]	goods; commodity; merchandise
卸货	xiè huò			unload/discharge cargo
分拣	fēnjiǎn	[v.]		pick; sort
洗衣机	xǐyījī	[v.]	[2级]	washing machine

═══ [5] ═══

配送	pèisòng	[v.]	[7-9级]	transport
吃力	chīlì	[adj.]	[5级]	laborious (require considerable effort and time)
签字	qiān zì		[5级]	sign
台阶	táijiē	[n.]	[4级]	steps

问题

1. 高佑思让快递员们怎么叫他?

2. 老城区或者酒吧一条街平常要送哪些快递?

3. 为什么快递员送快递时都得步行?

小调查

在地图上找一下铜仁凤凰机场和凤凰古城,看看古城里有些什么。

视频第二段 （4分00秒—8分23秒）

[6]

高佑思：你好！我是京东物流。你是李小梅吗？

顾客B：对对对！

高佑思：请确认一下你的名字。

高佑思：理发店，这里。

顾客C：对。

高佑思：很多年了。多少年了？

顾客C：几十年啦。

高佑思：这个椅子都几十年啦。哇哦！

[7]

12:00 第二批货物送往城区

高佑思：你们这里第一中学算是比较好的一个中学吧？生活怎么样？理科生还是文科生？有没有想要去大城市生活？

学　生：我要上课了！

高佑思：你要上课啦？

学　生：对！

高佑思：那我怎么给你呢？因为你没有手（拿）。我就给你的哥哥。给你吗？好，拜拜。我们一个多小时送了那么多！

张师傅：哦，我们这个……

高佑思：速度速度。

张师傅：效率……效率有点儿低了。

高佑思：低了？是不是我的原因？

张师傅：对。

高佑思：不好意思。

张师傅：没有，没有，没有。

[8]

高佑思：好冷啊！放在这个店里面？

张师傅：对对！这个店里面。

高佑思：你好！我们是京东物流。

顾客D：放那里就行。

高佑思：这里吗？好。

[9]

张师傅：重吗？

高佑思：不重。你好！你知道这个店在哪里[吗]？

保　安：哦，这里。

高佑思：麻烦你签个字。

张师傅：麻烦你签个字。

高佑思：好，我就在楼下等你。这是你的快递吧？这是你的快递。

顾客E：嗯，谢谢！

高佑思：麻烦你在这里签个字。

[10]

高佑思：你好！京东快递。你的货到了。你是在这里做什么的？就卖酒吗？

顾客F：嗯，卖酒啊。对啊！

高佑思：你是本地人吗？

顾客F：我是张家界的。我老婆是这里的。

高佑思：啊，所以你们结婚以后就搬到这里了，还是……

顾客F：嗯，是的是的。结婚以后我们一直在这里啊。这里就是悠闲、自在，没有那么多的压力啊。因为我是一个很懒的人啊。

高佑思：啊，哈哈，是吗？

顾客F：在我们不忙的时候，我们可以去古城走一圈儿啊，*就整个*的人*的话心情就比较平和。有的时候喝一点儿小酒啊，叫几个好朋友啊，来搞一点儿。

[11]

16：00 凤凰古城内

此时剩余的货物都是送往古城内，高佑思和张师傅只能徒步送货。

高佑思：张师傅给我一个任务，第一次自己去找地址，*到场[当场]支付的，但是我并不知道我在哪里。好坑啊！这里的老城真的是……导航的话也不容易（找到）。新市场是在前面吗？这边是新市场24号，16号，13号。你好！你是杨女士吗？

顾客G：杨思莲。对。

高佑思：啊，太好了。这是你的快递。

[12]

高佑思： 不好意思。这位是……胡……姓胡的。

顾客H： 就放在这里。

高佑思： 好，好。你是在这里出生的吗？

顾客H： 我是凤凰人。本地人。五代人[了]。

高佑思： 五代人都在这里。有孙子吗？

顾客H： 我啊？有！有两个。

高佑思： 他们都在凤凰吗？

顾客H： 都在凤凰。

高佑思： 这个是药店，是吧？开了多久？

顾客H的丈夫： 这个清朝末年（就开了）。

高佑思： 这个是中药吗？是……中医，是吧？

顾客H的丈夫： 中药就是国家的国药，我们中国的国药。中医、中药，中医和中药是一起的。

高佑思： 是一起的？

顾客H的丈夫： 对！它一代传一代的，变什么啦？就是我们一家人搞的，我祖太公搞的，[然后]就到我爷爷，爷爷手下是爸爸，爸爸[手下]就是我。四代。

高佑思： 那接下来呢？

顾客H的丈夫： 四代。

高佑思： 那下一代，你的孩子*还是[或者]孙子也会在这里吗？

顾客H的丈夫：那搞不清。他们都有工作了。

高佑思：去哪儿了，他们？

顾客H的丈夫：他们就……他们到那个……单位工作了。

高佑思：就在凤凰吗？还是别的城市？

顾客H的丈夫：凤凰，凤凰。

高佑思：我们在一条特别古老的街道上送快递。哈哈，生活……Life is so interesting.

词 汇

[6]

理发店	lǐfàdiàn	[n.]		barber shop
理发	lǐ fà		[3级]	have haircut

[7]

理科生	lǐkēshēng	[n.]	science student (理科[7-9级])
文科生	wénkēshēng	[n.]	humanities student (文科[7-9级])

[10]

张家界	Zhāngjiājiè	[p.n.]	Zhangjiajie (in Hunan Province)

悠闲	yōuxián	[adj.]	[7-9级]	leisurely and carefree
自在	zìzài	[adj.]	[6级]	unrestrained
懒	lǎn	[adj.]	[6级]	lazy
圈儿	quānr	[n.]	[7-9级]	circle
平和	pínghé	[adj.]	[7-9级]	calm; composed

[11]

剩余	shèngyú	[v.]	[7-9级]	remain; be left over
当场	dāngchǎng	[adv.]	[5级]	on the spot
并	bìng	[adv.]	[3级]	(adding emphasis to a negation that uses 不 or 没)
导航	dǎoháng	[v.]	[7-9级]	navigate

[12]

药店	yàodiàn	[n.]	[2级]	pharmacy
清朝	Qīngcháo	[p.n.]		Qing dynasty (1644—1912)
末年	mònián	[n.]		last years of a dynasty or reign
中药	zhōngyào	[n.]	[5级]	traditional Chinese medicinal herbs
中医	zhōngyī	[n.]	[2级]	traditional Chinese medicine discipline or practitioner
传	chuán	[v.]	[3级]	pass on to a later generation or age
(祖)太公	(zǔ)tàigōng	[n.]		(topo.方言词) great-grandfather

手下	shǒuxià	[n.]		someone under the authority of another
古老	gǔlǎo	[adj.]	[5级]	old; ancient

问 题

1. 张师傅认为高佑思送快递的效率怎么样?

2. 卖酒的顾客F不忙时的生活是什么样的?

3. 你能不能介绍一下高佑思遇到的中药店?

视频第三段 （8分23秒—13分41秒）

[13]

晚上6：00 牛奶和洗衣机送往古城酒吧街

高佑思：要走多远？很快，是吧？

张师傅：不快。这个……

高佑思：一分[钟]，两分[钟]……不到五分钟吧？

张师傅：不到十分钟吧。

高佑思：我已经很疼了，我的背。这个牛奶是非常沉。

张师傅：哦，这里有张椅子。在这里休息一下。一般的话，一件牛奶至少有三十斤。

高佑思：三十斤，然后一、二、三、四（件）。我这边。

张师傅:一样的。

高佑思:一二三。

张师傅:需不需要休息一下?

高佑思:不需要,没事,到了再(休息),直接到就好。

张师傅:我……我需要!

高佑思:你需要?

张师傅:小心点儿!让一下!

高佑思:不好意思!让一下!哦,到了。

张师傅:放哪里?

顾客 I:楼上,楼上。

高佑思:楼上?Oh my God! It hurts!

张师傅:酸爽!

高佑思:酸爽?

张师傅:对!

高佑思:我没有爽的感觉,我现在就是疼。

张师傅:就是酸爽的感觉。

高佑思:我就是疼疼的感觉。

摄像师:这个(洗衣机)有多少斤?

高佑思:这个还不知道。很重!

高佑思:这样吗?

张师傅：对。

高佑思：OK！

张师傅：（把带子）勒到肩膀。

高佑思：一二三！Oh my God! 哦！稍等。啊，那儿！到了吗？Oh my God! 这儿吗？

张师傅：辛苦了！辛苦了！

高佑思：It hurts so much!

高佑思：啊，你好！我们是京东快递。

张师傅：对，京东物流。

高佑思：对，给你送的洗衣机。

张师傅：好，慢一点儿啊。

高佑思：在装修吗？

张师傅：能进吗？能进吗？后面有辆车啊。

[14]

高佑思：你是……你每天[都]这样累吗？每天[都]这样？

张师傅：没有，有时候也是（挺累的）。

高佑思：快递这个行业变得太快了！我觉得很多顾客都没意识到，我们这种速度到底是怎么来的。现在我终于有答案了。不是什么App，不是那种技术，就是人。People，是你这样的，是你们四五个人，整个城市都方便多了。

张师傅：对。

高佑思：了不起，张老师。

张师傅：谢谢！

[15]

高佑思：你是我今天最后一单，最后一个。

顾客K：辛苦了啊。

高佑思：OK！

顾客K：好，谢谢你！

高佑思：谢谢你啊！

顾客K：拜拜！

高佑思：Done. 今天的活儿（干）完了。

[16]

高佑思：为什么选择这份职业？

张师傅：因为我离家人近，我能跟家人在一起。上班也好，对吧，有时候我回家吃个午饭啊，我能看到家人。其实每天见到家人是最开心的一件事情。基本上我每天出来，就是说，假如我看到今天货就五六十单，我巴不得就是一个上午或者下午两点钟之前把它全部送完。我等不及回家，心里可以很安心。

高佑思：做了那么多"别见外",我[在中国]体验了很多不同的职业*在中国。这个是我的第十个职业。在短短一年时间里,那么多职业,我发现有一个普遍的现象,就是每次体验一份职业之前,我都会带[着]一种过度的理解。哇,肯定这里面有一种含义,有一种深意,我必须寻找它,为什么是这样,为什么。但是最后,我干的每一个行业,我收到的答案,我得到的答案总是"为了生活"。

张师傅：一份平凡的工作,为了……

高佑思：你说,你说。

张师傅：刚才我想到了。

高佑思：你说平凡的生活为了平凡的工作,还是什么?

张师傅：有一份平凡的工作,然后为了简单的生活。

[17]

古镇中的快递员,用步伐丈量,织起历史与现代的联结。

他们是城市的影子,从我们的生活中掠过。家是他们奔波的全部意义。

科技造就的便利将人们从传统中抽离,却又以一种寻常的方式,把生活重新镶入平凡之中。

词 汇

[13]

背	bèi	[n.]		back of body
让	ràng	[v.]	[2级]	yield; make space
酸爽	suānshuǎng	[adj.]	[6级]	sour and refreshing
爽	shuǎng	[adj.]	[6级]	(expressing an awesome feeling)
带子	dàizi	[n.]		belt
勒	lēi	[v.]	[7-9级]	tie or strap tightly
肩膀	jiānbǎng	[n.]	[7-9级]	shoulder
装修	zhuāngxiū	[v.]	[4级]	remodel; renovate

[14]

| 答案 | dá'àn | [n.] | [4级] | answer key |

[16]

也好	yěhǎo	[part.]	[5级]	no matter whether
安心	ānxīn	[adj.]	[7-9级]	feel at ease; be relieved
普遍	pǔbiàn	[adj.]	[3级]	general; widespread
现象	xiànxiàng	[n.]	[3级]	phenomenon
过度	guòdù	[adj.]	[5级]	beyond the normal limit
含义	hányì	[n.]	[4级]	meaning; significance
深意	shēnyì	[n.]	[5级]	profound meaning
寻找	xúnzhǎo	[v.]	[4级]	seek; look for

| 平凡 | píngfán | [adj.] | [6级] | ordinary; undistinguished |

[17]

古镇	gǔzhèn	[n.]		old town
步伐	bùfá	[n.]	[7-9级]	footstep
丈量	zhàngliáng	[v.]		measure (land)
织起	zhīqǐ			weave
影子	yǐngzi	[n.]	[4级]	shadow
掠过	lüèguò			fly past
造就	zàojiù	[v.]	[7-9级]	cultivate and achieve
便利	biànlì	[adj.]	[5级]	convenient
抽离	chōulí	[v.]		pull away
寻常	xúncháng	[adj.]	[7-9级]	ordinary; undistinguished
方式	fāngshì	[n.]	[3级]	manner; way; method
重新	chóngxīn	[adv.]	[2级]	once more; again
镶入	xiāngrù			embed (something) into the surface of an object

问题

1. 高佑思意识到快递行业的速度到底是怎么来的？

2. 如果一天的货只有五六十单，张师傅会怎么送？

3. 张师傅选择快递这份职业的原因和高佑思之前理解的有什么不一样？

PART 2
第二部分

准备内容

1. 学习语言点，熟读课文例句及其他例句。
2. 完成书面练习。

课堂活动

1. 讨论语言点例释，流利地表演例句情境。
2. 讨论书面练习。

语言点

1 所 suǒ

助词**所**用在及物动词的前面，一起修饰后面的名词；也可以直接加**的**，构成**的字结构**（如：**我所认识的**、**他所说的**）。**所**比较正式，多用于书面语。口语里可以不用**所**，语义不变。

$$N_1/Pron.+所+V+的（+N_2）$$

Suǒ is a particle that is used before a transitive verb (i.e., a verb which takes a direct object) as a phrase to modify a noun afterwards. It also can be directly added with **de** to from a **de**-phrase (i.e., **wǒ suǒ rènshi de** "what I am acquainted with", **tā suǒ shuō de** "what he said"). **Suǒ** is a written form and makes the sentence more formal, but it could be left out in spoken form and the sentence would still be grammatical.

$$N_1/Pron.+ suǒ+V+de（+N_2）$$

[1] 高佑思：那这次职业是你们所熟悉的快递员啊。

（1）晚饭后散步是许多老人所喜欢的一种健身方式。

（2）刘慈欣所写的科幻小说我都读过，《三体》是写得最好的一部。

（3）警察同志，我所了解的情况就是这些，我现在可以回家了吗？

（4）我觉得云南香格里拉就是人们所说的"天堂"，那儿实在太美了。

（5）我所认识的都是一些普通人，没有什么大人物。

（6）小王所说的很有道理，大家要好好儿想想怎么能把工作做得更好。

2 一天更比一天好 yì tiān gèng bǐ yì tiān hǎo

一天更比一天好的意思是越来越好。副词**更**的意思是**更加**。**更**要重读，起强调的作用。用**更**的时候，常用于口号、新闻标题等，带有褒义色彩。

一+量词（+更）+比+一+量词+Adj.

The phrase **yì tiān gèng bǐ yì tiān hǎo** means "be even better each day". The part **yì tiān bǐ yì tiān** means "one day compared with the next". The adverb **gèng** expresses "even more" and is stressed. This pattern is commonly used for slogans and news titles in a positive way.

yī+M(+gèng)+bǐ+yī+M+Adj.

[2] 快递员组长：兄弟们，早上好！

全体员工：一天更比一天好！

（1）（标题）试用新款小米手机，一代更比一代强

（2）中国学生：你的中文一天比一天好。

外国学生：哪里哪里，还差得远呢！

（3）自从开了网店，我们的生意一年比一年好。

（4）同学A：这个作家写的小说一本比一本好看。

同学B：是的，他写得越来越好了。

（5）他的病一天比一天严重，现在已经不能工作了。

3 坑 kēng

坑来自网络用语，这里作形容词，用来形容和原本想法出入很大的情况，有"不可靠、被人欺骗"的意思，常用于吐槽不满。**坑**的前面可以加上程度副词，如**好、真、太**。**坑**本义指地面凹陷的地方，又引申为用不好的手段坑害或坑骗别人。

As a form of Internet slang, **kēng** here is an adjective that means "unreliable" in a joking manner for not-very-serious troubles. In this way, adverbs of degree such as **hǎo**, **zhēn**, and **tài** can be used before **kēng**. Originally **kēng** refers to a deep pit or a tiny hole dug in the ground. Now it is also commonly used as a verb that means "to set someone up" "to deceive" or "to cause someone trouble" (in a not-very-serious way).

[11] 高佑思：张师傅给我一个任务，第一次自己去找地址，*到场[当场]支付的，但是我并不知道我在哪里。好坑啊！

（1）同事A：那个一日游虽然是免费的，可是我购物花了不少钱。

同事B：这种旅游真坑！

（2）老同学A：老李说他今天要加班，不跟我们一起聚餐了。

老同学B：他怎么现在才说？这也太坑了吧，那我们还聚餐吗？

（3）朋友A：这个游泳池不深吧？你别坑我。

朋友B：我不会坑你的，只有一米深。

4 搞不清 gǎobuqīng

搞不清意思是弄不清楚、不了解。**搞不清**的**搞**是动词，**不清**是可能补语。也可以说**搞不清楚**。肯定形式是**搞得清**。

Gǎobuqīng means "not be able to figure out clearly". It is composed of the action verb **gǎo** "get, do" and the potential complements **-buqīng** "not clear". An alternative of **gǎobuqīng** is **gǎobuqīngchu**, in which the negative potential complement is **-bu qīngchu** "not clear". The affirmative form is **gǎodeqīng**.

[12] 顾客H的丈夫：那搞不清。他们都有工作了。

（1）弟弟：我是他弟弟！

哥哥的朋友：不好意思，你和你哥哥长得太像了，我常常搞不清谁是谁。

（2）朋友A：你爸妈还是不同意你和你男朋友在一起吗？

朋友B：哎，真是搞不清楚他们是怎么想的。

5 酸爽 suānshuǎng

酸爽是一个网络新词，最初来自某个酸菜方便面的广告，形容味道酸香爽口，现在常用来形容食物又酸又爽或肌肉又酸又疼的复杂感觉。

As a form of Internet slang, **suānshuǎng** originally comes from an instant noodle commercial and refers to a sour yet refreshing taste of pickled vegetables. Now it is used to jokingly express a sour-yet-refreshing feeling from food, drinks, or body muscle aches.

[13] 高佑思：楼上？Oh my God! It hurts!

张师傅：酸爽！

（1）室友A：柠檬水怎么样？好喝吧？

室友B：真酸爽！

（2）同学A：听说你昨天去爬山了。

同学B：是啊，爬完感觉全身酸爽。

6 巴不得 bābude

动词**巴不得**的意思是内心迫切希望，用于口语。

Bābude can be used to express that the speaker is eager for something. It's colloquial.

[16] 张师傅：假如我看到今天货就五六十单，我巴不得就是一个上午或者下午两点钟之前把它全部送完。

（1）同事A：回家的车票买好了吧？

同事B：早就买好了，我巴不得马上就回去。

（2）学生A：马上就放假了，你有什么打算吗？

学生B：我想去九寨沟旅行，真巴不得现在就放假。

（3）朋友A：你父母同意你和男朋友结婚了？

朋友B：哪儿呀，他们巴不得我们分手呢。

7 等不及　děngbují

等不及表示（1）急着想做某事；（2）由于时间紧迫而不能再等。

等不及（+VP）

Děngbují expresses that (1) is too impatient to wait or (2) can't wait (due to time constraint).

děngbují (+VP)

[16] 张师傅：我等不及回家，心里可以很安心。

（1）同学A：奶茶店终于开了，我等不及想要去喝！

同学B：那就这个周末一起去吧！

（2）朋友A：你第一次来香港，我带你游览一下吧。

朋友B：太感谢你了，我真是等不及了！

（3）室友A：小李来过吗？

室友B：他半个小时以前就来了，不过他等不及先走了。

练 习

一、填空

> 拦　　巴不得　　吃力　　等不及　　效率　　签字
> 坑　　古老　　平凡　　搞不清

1. 朋友A：这个箱子太重了，我来帮你一起搬吧。

   朋友B：谢谢你，一个人是有点儿_____。

2. 朋友A：你想过怎样的生活呢？

   朋友B：我只想过简单_____的生活，能和家里人永远在一起就行了。

3. 老板：你找我有什么事？

   员工：老板，有份文件需要您_____。

4. 朋友A：你们怎么不往前走了？

   朋友B：前面有栏杆_____着，我们过不去。

5. 学生：北京有多少年的历史呢？

   老师：北京有三千多年的历史，是一座非常_____的城市。

6. 朋友A：你怎么了？看起来不开心？

   朋友B：我发现上个星期在网上买的电脑今天降价了，一下子便宜了一千多，太_____了！

7. 学生A：张老师出差了，明天的数学课不上了。

   学生B：太好了！数学太难了，我_____不上呢。

8. 朋友A：你什么时候去海南岛旅行？

   朋友B：下个星期六，我都_____了。

9. 快递员A：我一个上午送了五十个快递。

   快递员B：你的_____太高了，我才送了二十个。

10. 同事A：我们到底要不要和那家公司合作？你知道老板是怎么想的吗？

    同事B：我也_____，我们还是去问问他吧。

二、配对

1. 祝你们的生活一年更比一年好！
2. 我舍友忽然不理我了，该怎么办？
3. 小王今天请我吃饭，他接了个电话就走了，最后我买单，太坑了！
4. 你跑完马拉松有什么感觉？
5. 你想我吗？
6. 麻烦你帮我去图书馆还一下书，好吗？
7. 小李，书上这句话到底是什么意思？
8. 我有一个好消息要告诉你。
9. 假期不回家，你爸妈不想你吗？
10. 听说过去中医都是一代传一代。

A. 你才知道啊，我都被他坑了好几次了。
B. 没问题。
C. 谢谢！也祝您新年快乐！万事如意！
D. 全身酸爽，觉得自己是最棒的。
E. 你现在所需要做的就是好好儿和他沟通一下。
F. 你快说，我都等不及了。
G. 当然，我巴不得马上飞到你身边。
H. 现在不一样了，有专门的大学可以学习。
I. 我也搞不太清楚，你还是问问老师吧。
J. 他们觉得我麻烦，巴不得我不回去呢。

三、完成对话

1. 记者：听说你去过不少地方，给我们介绍一个你最喜欢的地方吧。

    作家：_____（N₁/Pron. +所+V+的+N₂）

2. 朋友A：你不喜欢和我一起逛街吗？

    朋友B：_____（巴不得）

3. 朋友A：你什么时候去中国留学？

    朋友B：_____（等不及）

4. 路人A：请问，去北京大学怎么走？

    路人B：_____（搞不清）

5. 朋友A：你喜欢在网上买什么东西呢？

    朋友B：＿＿＿＿＿＿＿＿＿＿＿＿＿＿＿＿＿＿＿＿＿＿＿＿＿（……之类）

6. 学生：王教授，我什么时候来找您比较合适？

    教授：＿＿＿＿＿＿＿＿＿＿＿＿＿＿＿＿＿＿＿＿＿＿＿＿＿＿（或者）

7. 学生A：＿＿＿＿＿＿＿＿＿＿＿＿＿＿＿＿＿＿＿＿＿＿＿＿＿＿＿（还是）

    学生B：我比较喜欢文科，打算学习中文专业。

PART 3 第三部分

准备内容
熟读视频文本,准备情境重现及口头叙述,尽量脱稿表演。

课堂活动
老师引导学生轮流进行情境重现及口头叙述,老师及时给予反馈。

情境重现

老师与学生(或学生与学生)根据提示,合理表演视频里的情境。

1. 跟张师傅了解一下送快递的方式,给客户送快递。
2. 跟卖酒老板聊一下住在凤凰古城的原因。
3. 跟中药店夫妻聊一下药店的情况。
4. 跟张师傅交流一下他选择这份职业的原因。

口头叙述

学生用自己的话,从不同的角度来复述视频里的故事。

1. 从高佑思的角度,介绍一下在凤凰古城送快递的情况。
2. 从卖酒老板的角度,聊一下在凤凰古城的生活。
3. 从中药店夫妻的角度,谈一下中药店的情况。
4. 从张师傅的角度,介绍一下跟高佑思合作的情况以及选择这份工作的原因。

PART 4
第四部分

准备内容

重看视频,根据视频话题准备问题,学习主持讨论的表达,准备课堂讨论。

课堂活动

学生轮流担任主持人,带领全班同学一起讨论。

人物访谈

如果课后请视频中的人物进行访谈,主持人可以问哪些问题,这些人物会怎么回答?请老师、同学们组织一次访谈,聊聊视频中的体验和想法。也请观众回答一些问题。以下的访谈提纲供师生选择使用。鼓励学生自己准备访谈问题,并邀请视频中其他人物加入访谈。

高佑思:
1. 你作为快递员需要做哪些工作?
2. 在凤凰古城送快递有什么不一样的地方?
3. 你送快递的时候遇到了哪些人?
4. 你觉得体验送快递的工作有哪些困难?

张师傅:
1. 高佑思送快递的效率怎么样?
2. 高佑思跟你一起送了哪些快递?
3. 你为什么选择做快递这个工作?

中药店夫妻:
1. 你们的中药店是什么时候开的?
2. 中药店开始是谁开的?开了几代了?
3. 你们会传给自己的孩子或者孙子吗?为什么?

观众:
在你们家乡,快递是怎么送的?

PART 5
第五部分

准备内容

根据课外实践要求，出门做任务，写下笔记，准备口头报告。

课堂活动

学生轮流进行口头报告，欢迎同学和老师提问，老师给予反馈。

课外实践

在网上了解一下凤凰古城。设计一下去凤凰古城旅行的路线，看看能不能亲身去古城走一圈儿。向熟悉的朋友了解或者自己观察一下，你身边的快递是怎么送的？需要等多久？如果需要寄快递的话，有哪些快递公司，应该怎么寄？找个机会跟快递员聊一聊，更好地了解一下他们的生活。挑选一个你感兴趣的话题，准备一个报告，跟大家分享你的收获。

文化拓展

中医

中医已有几千年历史，它不仅关注人体本身，更关注人和自然的关系。首先，中医认为人是由"阴""阳"两部分组成的，如果失去平衡，人就会生病，所以要重新回到平衡的状态。其次，中医强调"整体观"，即治病的时候要考虑整个身体，不能只是"头痛医头，脚痛医脚"。再次，中医认为人体的健康与季节、气候等各种变化息息相关，要根据不同情况来确定不同的治病方法。最后，中医提倡"不治已病治未病"，也就是说人在没有生病的时候就应该注意保养身体，通过食物、运动、情绪及生活习惯来保持"阴""阳"的平衡，从而健康长寿。

Traditional Chinese Medicine

Traditional Chinese medicine has a history of several thousand years. The fundamentals of Chinese Medicine are based on attention to not just the human body itself, but also the relationship between man and nature. First, traditional Chinese medicine believes that a human body is composed of two systems: yīn and yáng. If the balance of yīn and yáng in the body is broken, one will get sick and need to return to a balanced state. Second, traditional Chinese medicine emphasizes the "holistic perspective". That is, the whole body should be considered when treating a disease, not just "treating the head for a headache, and treating the foot for a sore foot". Third, traditional Chinese medicine holds that the health of the human body is closely related to various changes such as seasons and climate, and different treatment methods should be determined according to different situations. Finally, Chinese medicine advocates that people should pay attention to maintaining their body's good condition when they are not sick and maintain the balance of yīn and yáng through diet, exercise, emotions, and living habits, so as to achieve longevity.

XIǍOXUÉ PÁNG DE "LǍOMÀIBÙ"

小学旁的"老卖部"

第 11 课

完整视频

导语

　　有一种开在学校里或者学校附近的小商店，虽然面积不大，但很受学生的欢迎，那就是"小卖部"。对孩子们来说，小卖部就是"天堂"，在这里可以买到各种各样的零食和饮料。小卖部也是孩子们的"乐园"，里面有各种漂亮的文具、新奇的玩具，甚至还有最新的漫画书。不过，根据中国教育部规定，从2019年4月1日起，中小学、幼儿园一般不得在校内开设小卖部，但校外不受此规定影响。

　　在小学附近的小卖部工作会是怎样的体验呢？让我们跟着高佑思一起去看看吧！

Inside or near Chinese schools there is always a small shop that is always crowded with students during breaks and after school. This shop is called a **xiǎomàibù**, a place that brings happiness to schoolchildren. For kids, the **xiǎomàibù** is a "paradise", since it always has all kinds of candies, snacks and drinks for sale. A **xiǎomàibù** is also a kid's "fun house", as there are always nice stationary, new toys, and the latest comic books. However, the Ministry of Education regulated that from April 1, 2019, such on-campus shops would be no longer permitted inside K-12 schools, although those outside campus would not be affected.

What is it like to work in an off-campus **xiǎomàibù**? Let's check it out with Gao Yousi!

PART 1 第一部分

准备内容
1. 观看视频，对照文本和词汇，思考问题。
2. 自己准备几个内容问题（语言和文化都准备几个）。

课堂活动
1. 学生提问，其他同学和老师回答。
2. 老师对学生提问。

▶ 视频第一段 （0分40秒—5分03秒）

[1]

06：30 天津市和平区柳州路附近

高佑思：早上六点的天津，而今天我又来体验一天非常棒的职业——小卖部的店员。这里其实[有]很多学校在附近,有小学啊中学,甚至是幼儿园,所以我希望今天可以认识很多中国的小朋友,了解他们小时候的生活是怎么样[的]。

[2]

高佑思: 嘿,老板,你好!

刘哥在学校旁经营着一家近三十年的小卖部。

刘　哥: 别叫老板,就叫刘哥就可以。

高佑思: 好,没问题。这叫什么路?

刘　哥: 这个啊?襄阳道。

高佑思: 襄阳道。

刘　哥: 30号余门。

刘　哥: 把这个箱子啊,东西给拉外头去。

高佑思: 拉外头去?这也要吗?

刘　哥: 这个也要。跟它靠齐了就行。一般呢,我来了之后呢,这段时间我就做卫生。

高佑思: 做卫生。

刘　哥: 拿笤帚扫扫地啊,擦擦柜台啊,就简单地做做卫生,然后七点半以后开始,小孩儿们就来了。

刘　哥: 到那个马路上往左一拐,你就看见厕所了。

高佑思: 远吗?

刘　哥：不远，去吧。要纸吗？

高佑思：啊，新的！

刘　哥：你快用去吧！没关系，哎呀呵，快去吧！你赶紧去吧！

高佑思：谢谢刘哥。

[3]

07:50 小卖部里迎来了第一位顾客

刘　哥：凉不凉啊？穿那么少！

学生A的家长：啊，还行吧。几块？

刘　哥：两块五。行了，甭找那五毛，算了。

学生A的家长：好嘞，好嘞！谢谢您！跟爷爷拜拜。

学生A：拜拜。

刘　哥：再见，孩子。你刚去厕所时，这就来人买红领巾了。

高佑思：红领巾是什么？

刘　哥：嗯……这就是上学小孩儿们……

高佑思：围巾？

刘　哥：不是围巾。这是五星红旗那一角，也是*一种少先队员的一种象征。所以这是叫少先队员，都戴红领巾。

高佑思：啊，我刚看*过[到]在路上有他们戴了那个红色的那个，就这个，是这个？

刘　哥：对！

[4]

刘　哥：给这个烟，给她，二十三（块）。

家　长：这是干什么？打工吗？

高佑思：对。

家　长：在这儿打工？

刘　哥：嗯，对。

高佑思：你也小时候在这里*关[待]着吗？还是……

家　长：没有，我是孩子上学的时候才到这边来的。

高佑思：这里是比较好的小学啊中学，是吧？

家　长：对，天津市比较好的，所以我们就陪他到这边来念书。[周]六、日再去另外一个家。

高佑思：啊，是这样子。

家　长：在另外一个家，然后平时就在学区房，就就着学校待着。

[5]

高佑思：现在快十点了，然后基本上没有人在小卖部里面，因为所有的学生[都]上课去了，*大家[大人]都上班去了，所以我就出来逛一逛。

09：50　高佑思来到了小学附近，准备宣传小卖部

高佑思：这是体操吗？

学生B：跳绳。

高佑思：跳槽？你们知道这旁边有个小卖部[吗]？我就在那边上班，[你们]可以买一些玩具，你们可以过来跟我玩儿。

学生C：犹太民族。

高佑思：犹太民族。你怎么知道我是犹太人？

学生C：犹太人就长这样啊！

高佑思：你们的体育课有时候会缺课吗？

学生D：有时候"被下课"，被语文老师占课。

高佑思：我不知道你们是怎么看的，但是我有点儿想念有这种……现在很多决定要自己做，还可以，但是还是觉得有一个老师照顾你是挺好的。

初冬下小学旁的小卖部中，小朋友们会和高姓大叔发生怎样的故事？

[6]

刘 哥：有很多东西一时让你记，你记不住，但是你就多问就行，你就问我们俩就行！

高佑思：就问你们俩。

刘 哥：因为老板干的时间也比较长了，你就可以多问。

13：30 上学期间的小卖部客流较少，店里的老板上午送完货也来到店内

高佑思：你不是老板。你是老板。

刘　哥：嗯，她是老板。

高佑思：老板，你好！

高佑思：之前（你们俩）都不认识？

老　板：认识，以前就朋友。

高佑思：啊！朋友变成……

老　板：合作伙伴。

高佑思：太有意思了！

老　板：这是打价机器。

高佑思：还有别的吗？

老　板：没有，今天都是给人单位送货，（这些是送了货以后）我富余的。

高佑思：没问题。

刘　哥：使劲儿捏！捏！

老　板：现在弄，现在弄。先摁，再打。熟能生巧。

高佑思：没了。谢谢！

词 汇

[1]

天津	Tiānjīn	[p.n.]		Tianjin (port city near Beijing)
小卖部	xiǎomàibù	[n.]		small shop attached to a school, etc.
店员	diànyuán	[n.]		shop assistant
幼儿园	yòu'éryuán	[n.]	[4级]	kindergarten

[2]

经营	jīngyíng	[v.]	[3级]	manage; run; engage in
靠齐	kàoqí			keep close to even length/height
做卫生	zuò wèishēng			do cleaning
笤帚	tiáozhou	[n.]		whisk broom
扫地	sǎo dì			sweep floor
柜台	guìtái	[n.]	[7-9级]	counter
厕所	cèsuǒ	[n.]	[6级]	toilet

[3]

甭	béng	[adv.]		(topo.方言词) there's no need to (shortened form of 不用)
红领巾	hónglǐngjīn	[n.]		(lit. red scarf) a red neckerchief worn by almost every student in elementary school
围巾	wéijīn	[n.]	[4级]	scarf

五星红旗	Wǔxīng-Hóngqí	[p.n.]		(lit. Five-starred Red Flag) National Flag of the People's Republic of China
角	jiǎo	[n.]	[2级]	corner
少先队员	shàoxiān duìyuán	[n.]		member of Young Pioneers of China (children aged 6 to 14 can apply to join)
象征	xiàngzhēng	[v.]	[5级]	symbolize; signify
戴	dài	[v.]	[4级]	wear; put on watch/hat/jewelry

──── [4] ────

念书	niàn shū		[7-9级]	study; receive an education
学区房	xuéqūfáng	[n.]		school district house
就着	jiùzhe			(coll. 口语词) be next to

──── [5] ────

逛	guàng	[v.]	[4级]	walk leisurely and aimlessly
体操	tǐcāo	[n.]	[4级]	gymnastics
跳绳	tiào shéng			jump rope
跳槽	tiào cáo		[7-9级]	change to a better job
玩具	wánjù	[n.]	[3级]	toy
缺课	quē kè			miss class; be absent from school
占课	zhàn kè			take over another teacher's class

想念	xiǎngniàn	[v.]	[4级]	miss something or someone
初冬	chūdōng	[n.]		early winter
大叔	dàshū	[n.]		uncle

── [6] ──

伙伴	huǒbàn	[n.]	[4级]	partner; companion
打价	dǎ jià			label price
富余	fùyu	[v.]		have more than needed
使劲儿	shǐ jìnr		[4级]	exert all one's strength
捏	niē	[v.]	[7-9级]	hold between the fingers; pinch
摁	èn	[v.]		press with hand/fingertip

问题

1. 刘哥每天早上几点开始工作？都需要做什么？

2. 红领巾是什么？为什么有人早上去买？

3. 小学的体育课平时会不会缺课？

小调查

在地图上找一找这个小卖部附近有哪些学校，附近还有什么有意思的地方。

视频第二段 （5分03秒—8分57秒）

[7]

老　板：您好！要气针，是吗？

高佑思：您好！"气针"是什么意思？

老　板：一块钱。

刘　哥：收他一块。

顾　客：谢谢，谢谢！

高佑思：你需要我帮你……

顾　客：没……没……不用了。

刘　哥：这一块儿的居民都认识，因为我们年头时间太长了。

高佑思：这才是最好的（关系）。

刘　哥：你像我这店里吧，有很多现在都成成人了。专门到我这店里来干什么呢？也不买东西，[就是]到这儿来看看。"因为我小时候在你们这店买东西，我上这儿来看看，看看还是以前那样儿！"我们这个店几乎没怎么变。

还记得儿时的玩具、游戏和漫画吗？那是我们诗意的原初幻想。

[8]

16：30 学校放学后，小卖部里的客人多了起来

高佑思：[你叫我]叔叔还是……

学生E：叔叔。

高佑思：叔叔。我像一个叔叔还是一个哥哥？

学生E：哥哥。

高佑思：就登录（微信），是吧？

老　板：对对！

高佑思：好。

老　板：叫他发（微信里需要打印的文件）吧。

高佑思：这是你的手机还是妈妈的手机？

学生E：我妈妈的手机。

高佑思：我很好奇中国的小朋友喜欢玩儿什么游戏？最近你们身边的同学们……

学生E："吃鸡"！

高佑思："吃鸡"？啊，当然！这里有[跟]"吃鸡"有关的吗？

学生E：有，这个！

高佑思：啊，你们就喜欢枪。你是你们同学里最厉害的一个吗？

学生E：不是。有的那是……那个……他们家就是父母都是干这种的，那是超厉害那个。

高佑思：干这种？

学生E：就是开发游戏的那种家长。

高佑思：所以他们的那个爸爸，比如说，就很喜欢玩儿这个游戏，然后带着孩子玩儿。

学生E：对对对。

高佑思：这个太厉害了。哈哈！现在还有这种家长带着孩子"吃鸡"。你的父母会带着你"吃鸡"吗？

学生E：我妈妈就是说，如果我写完作业了，也都没事了，复习完了，就可以玩儿一会儿，适当地玩儿一会儿。但是，必须是那个到点就得睡觉，因为得保持一个好精神，然后好好学习。

高佑思：Good!

老　板：你那么瘦啦？啊？上几年级啦？

学生F：初二。

老　板：初二啦！你们俩一班，是吗？

学生G：没有，隔壁。

学生F：他九班，我二班。

老　板：噢，你可长个儿了，但是太瘦了啊！

高佑思：你们好久没来这个店[了]，是吗？已经好几年了吗？

老　板：不是，他们……

学生F：我好几年（没来）了。

老　板：要这个？

学生G：就……这个。

老　板：他从那么大就开始在这儿买。

高佑思：是吗？

老　板：因为他们家就住那儿，楼里头。

高佑思：哈哈，太棒了！

老　板：现在还在这儿住吗？

学生F：对，还在。

老　板：噢，还在。

高佑思：没变。

老　板：太瘦了，得多吃点儿啊！

[10]

学生H：现在店员都外国人了？真牛掰！

老　板：你现在要什么？

学生H：我找找，看看有啥好用的。

高佑思：你要买一些厉害的。

学生H：这多少钱？

老　板：四十二（块）。

学生H：没事，来！

老　板：嗯。你妈没跟你来啊？

学生H：对。

老　板：是啊。扫（二维码）吧。

高佑思：哇哦！四十二都买了，厉害！

学生H：你是大学[生]吗？

高佑思：对，大学毕业了。

学生H：哪个大学？

高佑思：北大。

学生H：真的假的？

高佑思：真的。

学生H：你有点儿像外国语学院的。

高佑思：我怎么证明我是北大的？

学生H：毕业证书？

高佑思：什么？

学生H：毕业证书。

高佑思：Peking University嘛，北大。

学生H：北京大学。哎呀，真的假的？

高佑思：对，我的本科毕业论文。

学生H：我去！

高佑思：我去，没事！你想去北大吗？

学生H：不想去。

高佑思：你要去哪儿？

学生H：电竞班吧！

高佑思：你不错啊，你很聪明！你喜欢玩儿什么游戏啊？

学生H：王者荣耀。

高佑思：还有啥？

学生H：穿越火线。

高佑思：很不错啊！反正……

学生H：你玩儿王者荣耀吗？

高佑思：我玩儿过。我还在青铜，青铜二。

学生H：哎哟！

高佑思：你是王者吗？

学生H：我不是。

高佑思：啊，那就不跟你聊！

学生H：比你高两段。

高佑思：不错。

[11]

奶　奶：我在这儿给子女帮忙看孩子。

高佑思：所以这是给孩子那个[买的]？

奶　奶：对！白天让我买，我给忘了。这晚上[要]用了，想起来了，我说去吧。这么着（我就来买了）。

老　板：噢。

奶　奶：为记录。

高佑思：对。

奶　奶：可不能有损我们国家啊！我告诉你。我最近看网上介绍，里面有一个什么知名品牌要在上海那儿，就是侮辱咱们国家。最后有些明星人家都反了，撤了！就那个（今日）头条里的。

老　板：是吗？

词 汇

[7]

气针	qìzhēn	[n.]		pump needle (e.g., for bikes)
居民	jūmín	[n.]	[4级]	resident
年头	niántóu	[n.]		(coll.口语词) the times
成	chéng	[v.]	[6级]	become; turn into
成人	chéngrén	[n.]	[4级]	adult
儿时	érshí	[n.]		childhood years
漫画	mànhuà	[n.]		illustrated comic
诗意	shīyì	[n.]		poetic sentiment/flavor; romantic atmosphere
幻想	huànxiǎng	[n.]		illusion; fancy; fantasy

[8]

放学	fàng xué		[1级]	finish classes (for the day)
登录	dēnglù	[v.]	[4级]	log in
好奇	hàoqí	[adj.]	[3级]	curious
吃鸡	Chījī	[p.n.]		(lit. eat chicken) referring to a popular player versus the player shooter game 绝地求生 (Juédì Qiúshēng Playerunknown's Battlegrounds), whose winning slogan is "Winner, winner, chicken dinner!"
枪	qiāng	[n.]	[5级]	gun

开发	kāifā	[v.]	[3级]	develop

[9]

瘦	shòu	[adj.]	[5级]	be thin; lean; skinny
隔壁	gébì	[n.]	[5级]	next door
长个儿	zhǎng gèr			grow height
里头	lǐtou	[n.]	[2级]	inside

[10]

牛掰	niúbāi	[adj.]		(coll.口语词) great; awesome
外国语学院	wàiguóyǔ xuéyuàn			institute of foreign languages
证明	zhèngmíng	[v.]	[3级]	prove; testify
证书	zhèngshū	[n.]	[5级]	certificate
论文	lùnwén	[n.]	[4级]	thesis; dissertation; paper
我去	wǒ qù			("我去!" expresses an unbelievable feeling)
电竞	diànjìng	[n.]		esports, competition using video games
王者荣耀	Wángzhě Róngyào	[p.n.]		Honor of Kings (a mobile multiplayer online battle game)
穿越火线	Chuānyuè Huǒxiàn	[p.n.]		Cross Fire (an online tactical first-person shooter game)
青铜	qīngtóng	[n.]		a rookie/newbie in the hierarchy of Honor of Kings
王者	wángzhě	[n.]		a king in the hierarchy of Honor of Kings

段	duàn	[m.]	[2级]	level (of mobile games/Go/Taekwondo)

——————[11]——————

子女	zǐnǚ	[n.]		sons and daughters; children
记录	jìlù	[v.]	[3级]	record
有损	yǒusǔn	[v.]		be harmful
品牌	pǐnpái	[n.]	[6级]	brand
侮辱	wǔrǔ	[v.]	[7-9级]	insult; humiliate
明星	míngxīng	[n.]	[2级]	celebrity
反	fǎn	[v.]	[4级]	be against
撤	chè	[v.]	[7-9级]	withdraw
今日头条	Jīnrì Tóutiáo	[p.n.]		(lit. today's headlines) Toutiao (a news and information smartphone application)

问题

1. 顾客为什么要买气针？

2. 玩儿游戏的学生E说妈妈让不让他玩儿游戏？

3. 高佑思是怎么证明他是北大的？

视频第三段 （8分58秒—14分44秒）

[12]

高佑思：有些特别可爱，你看这种可爱的。

学生I：嘛，那个嘛？

高佑思：那个吗？你要这个？

摄像师："那个嘛"，"嘛"是天津话，"什么"的意思。

高佑思：啊，"那个嘛"，你可以教我天津话吗？刚才你问的是"那个嘛"是什么意思？

学生I：我说的这个……刚才你拿的那个是什么？

高佑思：是天津话！

学生I：我要那个捏捏的。

高佑思：捏捏？哦！捏捏的！这个我最喜欢的，是最后一个。你要先问你妈妈，如果你妈妈允许你买，你可以买。

学生I：妈妈，买吗？

学生I的家长：你选一个，好吗？

学生I：买这个。

高佑思：我也可以送给他。

学生I的家长：可以吗？

高佑思：你用英文。

学生I：How much?

高佑思：How much? This is… Let me check for you.

老　板：你给他拆开，你给他拆开看一眼。

高佑思：This is two kuai, OK? 两块。

学生I的家长：因为我们幼儿园在隔壁，所以路过的时候就来买了。

高佑思：太好了！就两块钱就可以。

高佑思：小孩子的生活和你小时候的生活有很多变化吗？

学生I的家长：嗯！因为中国感觉迅速发展。我们小的时候父母没有教育压力，然后我们都非常开心，每天放学会和小朋友玩儿，一起玩儿。现在他们回到家里大概就是复习功课和学习，因为大家都在学英语。

[13]

刘　哥：这是新店员。人家要买东西。

高佑思：你好，你好！

家　长：哦，你好！老师说要订卷子，然后说还要个皮儿。

高佑思：你也是这里长大的吗？这里附近？

家　长：对对对。我跟我儿子是一个小学的。

高佑思：这么巧！好巧！

[14]

家　长：告诉叔叔你喜欢什么？

学生J：我喜欢画画儿。

高佑思：哇哦！画得特别好！你看。

学生J：要这个吗？

高佑思：你要这个吗？哇！你妈妈对你那么好，你一会儿要感谢她。

[15]

高佑思：那你小学的时候在小卖部会买一些什么？

学生K：我印象比较深的是玩儿那个悠悠球。还有，还玩儿那个陀螺。

高佑思：我玩过的是beyblades，然后有一个线，然后……

学生K：对对对。

高佑思：This! Yes! Yes! Oh my God! Wait，我会买这个，我现在要玩儿一下。Yes! This is it!

[16]

老奶奶：岁数大了，忘了，记不住，所以就是什么事都得拿笔，都得记下来。我就一个人过。

老　板：您多大岁数啦？

老奶奶：八十六。

老　板：哎哟！可不像啊！八十六啦！

高佑思：那你的孙子也在这里上学吗？

老　板：您的孙子也在这儿上学吗？

老奶奶：我的孙子都快结婚啦！

[17]

学生I的家长：给他煮面的时候，他说"我让哥哥来吃，行吗"。

20：30　刚才在店里的小男孩儿又跑回来邀请高佑思

高佑思：当然，我特别想跟你一起吃。

学生I的家长：然后我们就关火，过来了。

高佑思：啊，你们住很近！You live close here?

学生I的家长：我们邀请你可以去家里坐一坐。天津特有的打卤面，你说。这是什么？

学生I：这面，还有这个、这个、这个……可是我想今天让你去我们家吃个饭。

高佑思：哦，我特别想要去！但是我还得工作。哦，但是我怕我们……

摄像师：要上班。

高佑思：对！怎么办？我特别想来。

高佑思：小朋友走了吗？他到家，然后开始煮饭，然后小朋友一直说"啊，我要小哥哥过来"什么[的]。

摄像师：什么小哥哥？

高佑思：我是小哥哥，好吗？

摄像师：大爷。我要那个大爷来我家！

高佑思：No!

摄像师：外国大爷！

高佑思：他让我回到我当时的一个快乐和单纯[的童年]。

[18]

刘　哥：我们那个店呢，从我们一开始干，到现在，我们挺有感触的。以前的小朋友呢，购买力比较*贫乏[弱]，他们的知识度和聪明的那个程度也是比较差。现在的小孩儿呢，有时候我也挺震惊，像你看到那个四岁的小孩儿，谈吐很流利，脑子很清晰，就是一代比一代强，一代比一代强。

高佑思：中国发展得很快，我也能感受到，来了十年，真的变得太多了。而且，你们这一代人对人与人之间的感情，是*丰盛[丰富]的。但是，我发现我自己的或者我们这一代确实比较……

刘　哥：缺乏一点儿。

高佑思：对，缺乏一点儿，缺乏一点儿。

刘　哥：咱以前小时候都不……

[19]

老　板：您好！

高佑思：啊，你好！想买什么？

学生L：横条格本。

老　板：宽条格本，是吗？他就是从小一直到现在，一直在我们这儿买。

高佑思：是这样。

老　板：他弟弟都……

老　板：弟弟，是吧？

学生L：啊，对。

老　板：弟弟都长这么高，也经常来。

高佑思：是吗？

[20]

高佑思：好！锁了！

高佑思：OK，保持联系啊。

刘　哥：常来做客。

高佑思：好，OK！

老　板：再见！

高佑思：拜拜！谢谢你们！

[21]

小卖部是童年的对角巷，成年麻瓜们不会看到孩子眼中的彩色魔法。

时间是人理解世界的视野，它卷起当下，让经历泛黄，也书写记忆，予生命在场。

游荡，掘藏，再回望，空荡荡，每一段时光都安放。小卖部是大时代的从容。

词 汇

[12]

拆开	chāikāi			take apart; open
路过	lùguò	[v.]	[6级]	pass by/through (a place)
变化	biànhuà	[n.]	[3级]	change
迅速	xùnsù	[adj.]	[4级]	rapid; speedy; prompt

[13]

订	dìng	[v.]	[3级]	bind (books)
卷子	juànzi	[n.]	[7-9级]	examination paper
皮儿	pír	[n.]	[3级]	wrapper

[15]

悠悠球	yōuyōuqiú	[n.]		YoYo ball
陀螺	tuóluó	[n.]		spinning top (toy)

[16]

岁数	suìshu	[n.]	[6级]	(coll.口语词) age; years
过	guò	[v.]		go through (time)
多大岁数	duō dà suìshu			(asking the age of someone who is obviously older or clearly senior to you)

[17]

煮面	zhǔ miàn			boil noodles
关火	guān huǒ			turn off stove
邀请	yāoqǐng	[v.]	[5级]	invite
特有	tèyǒu	[adj.]	[5级]	peculiar; characteristic
打卤面	dǎlǔmiàn	[n.]		noodles with thick gravy made with everyday ingredients (northern Chinese comfort food)
煮饭	zhǔ fàn			cook (meal/rice)
单纯	dānchún	[adj.]	[4级]	pure; naive
童年	tóngnián	[n.]		childhood

[18]

感触	gǎnchù	[n.]	[7-9级]	thoughts and feelings
购买力	gòumǎilì	[n.]		purchasing power
贫乏	pínfá	[adj.]		poor; lacking (commonly used to describe resource, content, knowledge, experience, etc.)
谈吐	tántǔ	[n.]		style of conversation
流利	liúlì	[adj.]	[2级]	fluent; smooth
清晰	qīngxī	[adj.]	[7-9级]	clear (of sound/view)
感情	gǎnqíng	[n.]		emotion; feeling; sentiment
缺乏	quēfá	[v.]	[5级]	be short of; lack

[19]

横/宽条格本	héng/kuāntiáo géběn	[n.]		wide lined notebook

[20]

锁	suǒ	[v.]	[5级]	lock
做客	zuò kè		[3级]	be a guest

[21]

对角	duìjiǎo	[n.]		opposite angles
巷	xiàng	[n.]		lane; alley
麻瓜	máguā	[n.]		Muggle (people without magical blood in the *Harry Potter* series)
魔法	mófǎ	[n.]		magic
视野	shìyě	[n.]	[7-9级]	field of vision
当下	dāngxià	[n.]	[7-9级]	at present
予	yǔ	[v.]		give
在场	zàichǎng	[v.]	[5级]	be on the scene; be present
游荡	yóudàng	[v.]		drift about
安放	ānfàng	[v.]		put in a certain place
从容	cóngróng	[adj.]	[7-9级]	calm; unhurried; leisurely

问题

1. 学生I的妈妈认为现在孩子的生活和她小时候有没有变化?

2. 为什么到晚上学生I和他妈妈又跑去小卖部了?

3. 刘哥认为以前的孩子和现在的孩子有什么不一样?

PART 2
第二部分

准备内容

1. 学习语言点，熟读课文例句及其他例句。
2. 完成书面练习。

课堂活动

1. 讨论语言点例释，流利地表演例句情境。
2. 讨论书面练习。

语言点

1 给 gěi

给作助词，用在表示处置、被动等意思的句子里的动词前面，用来加强语气。多用于口语。

This **gěi** is used in spoken Chinese to add emphasis to the verb and can be used in **bǎ** sentences and **bèi** sentences.

[1] 刘哥：把这个箱子啊，东西给拉外头去。

（1）朋友A：书你带来了吗？

　　朋友B：真不好意思，我给忘了，下次一定还给你。

（2）室友A：我买的冰淇淋呢？

　　室友B：我（把冰淇淋）给吃了。

（3）警察：请问，你有什么事？

　　外国学生：我的手机被小偷给偷走了。

2 算了　suànle

算了用于口语，表示不再计较，就这样吧。**算了**可以单用，也可以作谓语。

Suànle, in the sense of "Forget it" or "Forget about it", can be used colloquially by itself or with a topic to stop discussion or debate over a question.

[3] 刘哥：行了，甭找那五毛，算了。

（1）同学A：谢谢你帮我买早饭，钱我用微信转给你吧。

　　同学B：算了，没多少钱，你不用给我了。

（2）朋友A：你怎么不送你儿子去英国留学呢？

　　朋友B：那儿学费太贵了，算了，还是在国内上吧。

（3）家长A：是我儿子不对，真对不起。

　　家长B：男孩子打架也是正常的，这件事就算了吧。

3 这就+VP　zhè jiù+VP

这就是北方方言，意思是"马上"。

Zhè jiù is a northern colloquial term that means "right away". It is similar with **mǎshàng**.

[3] 刘哥：你刚去厕所时，这就来人买红领巾了。

（1）室友A：我好像生病了，你能不能去帮我买一点儿药？

　　室友B：我这就去买。你怎么了？你要买什么药？

（2）经理：小李，你过来一下。

　　小李：好的，我这就来！

4 被+V/Adj.　bèi+V/Adj.

被与形容词或本来不用被动语态的动词搭配，来自网络语言，表示被动的动作或情况是说话者不愿接受或承认的，带有无奈、不满的情绪。

Bèi sentences usually express passive voice. Now in Internet language, **bèi** can be followed by an adjective or a verb that is not usually used with **bèi** to express that the object of the action is accepted with unwillingness, helplessness, and dissatisfaction.

[5] 高佑思：你们的体育课有时候会缺课吗？

学生D：有时候"被下课"，被语文老师占课。

（1）不少城市公布了平均工资水平以后，很多人感觉"被平均"了。

（2）这家公司四十多名新员工试用期还没结束就"被离职"了。

（3）网友们对"最具幸福感城市"的评选结果意见不小，认为自己"被幸福"了。

5 一时　yìshí

副词**一时**用在动词前，表示临时、偶然。名词**一时**，表示短时间。

The adverb **yìshí** is used before verbs and means "momentarily". It can also be a noun that means "a short period of time".

[6] 刘哥：有很多东西一时让你记，你记不住，但是你就多问就行，你就问我们俩就行！

（1）同学A：上次你说有一家很好吃的餐厅叫什么名字？

同学B：哎呀，我一时想不起来叫什么了，我一想起来就告诉你。

（2）室友A：能不能跟你借五千块钱？

室友B：真不好意思，我一时拿不出这么多钱来。

（3）女朋友：我们不是已经分手了吗？你还来找我做什么？

男朋友：真对不起，是我一时冲动才说分手的，你能原谅我吗？

（4）朋友A：你被骗了十万块钱？！

朋友B：都怪我一时糊涂，相信了骗子的话！

（5）同事A：这雨什么时候才能停呢？

同事B：我看一时半会儿停不了，我们就在公司叫外卖吧。

（6）病人：我的眼睛遇到风就不停流眼泪，怎么办？

医生：正常，你刚做完手术，这种现象是一时的，休息几天就好了。

6 熟能生巧 shúnéngshēngqiǎo

成语**熟能生巧**的意思是熟练了就能掌握技巧，运用自如。

Shúnéngshēngqiǎo, literally means "practice can produce skill", similar to the English idiom "practice makes perfect".

[6] 老板：先摁，再打。熟能生巧。

（1）朋友A：开车是不是很难啊？我很担心自己学不会。

朋友B：开车其实一点儿也不难，多开几次就好了，熟能生巧嘛。

（2）室友A：你这次做的菜真好吃！

室友B：谢谢！一开始我做得也不好吃，做多了，熟能生巧。

7 跟……有关 gēn……yǒuguān

跟……**有关**的意思就是**跟**……**有关系**。**跟**可以换成**和**，意思一样。

Gēn……yǒuguān means "be related to..." or "has to do with...". Gēn can be replaced with hé. A more colloquial equivalent is gēn……yǒu guānxi.

[8] 高佑思：这里有[跟]"吃鸡"有关的吗?

学生E：有，这个!

（1）朋友A：上海人都会说普通话吗?

朋友B：这跟年纪有关，年纪小的当然都会说，年纪大的可能说得不好。

（2）学生："丝绸之路"这个名称是怎么来的呢?

老师：这跟汉朝有关系，因为跟西方进行贸易是从汉朝开始的。

8 适当 shìdàng

适当是形容词，意思是合适、妥当，强调恰到好处，注意动作行为的分寸。常作状语、定语等。

Shìdàng is an adjective that means "suitable" or "proper". It is often used as an adverbial (i.e., precedes the verb or adjective it describes and functions like an adverb) or an attributive (i.e., precedes the noun it describes and links the noun with **de**).

[8] 学生E：我妈妈就是说，如果我写完作业了，也都没事了，复习完了，就可以玩儿一会儿，适当地玩儿一会儿。

（1）病人：医生，您还有什么建议吗?

医生：每天适当（地）运动一下，对身体比较好。

（2）朋友A：我一时冲动，跟女朋友分手了，现在非常后悔。

朋友B：你找个适当的机会，跟她解释一下吧。

（3）老师：你的论文还需要做一些适当的修改。

学生：应该怎么修改呢?

9 到点 dào diǎn

到点的意思是到了规定的时间。**点**的意思是时间点。**到点**是离合词，**到**和**点**的中间可以加**了**。

Dào diǎn is a verb-object compound that means "it's time to do something". **Diǎn** means the expected time point. **Dào diǎn** is a separable verb and a **le** can be inserted between them.

[8] 学生E：必须是那个到点就得睡觉，因为得保持一个好精神，然后好好学习。

（1）孩子：我现在不饿。

妈妈：到点就得吃饭，你要现在不吃，晚上就没东西吃了。

（2）朋友A：电影什么时候开始啊？

朋友B：快到点了，咱们赶紧进去吧。

（3）学生A：食堂几点开门？

学生B：十一点，到了点就开门。

10 想起来 xiǎng qilai

想起来的意思是记忆中的人或事又在脑子里出现了，其否定形式是**没想起来**。

想得起来的意思是记忆中的人或事能在脑子里再出现，其否定形式是**想不起来**。

Xiǎng qilai means to recall or remember someone or something in the past. The negative form is **méi xiǎng qilai** "did not remember".

Make sure you distinguish them from **xiǎng de qǐlái** "be able to recall" and **xiǎng bu qǐlái** "be unable to recall".

[11] 奶奶：这晚上[要]用了，想起来了，我说去吧。

（1）学生：王教授，您好！您还认识我吗？我们在北京见过面。

老师：你是……哦，我想起来了，北大的小张！

（2）同学A：昨天没想起来，那家饭店的名字叫"协和菜馆"。

同学B：好的，我查一下，谢谢！

（3）医生：你再想想，你昨天晚上到底吃了什么？

病人：我想起来了，我吃的是外卖。

（4）同事A：我打完电话了，你刚才想跟我说什么呢？

同事B：糟糕，我一下子想不起来了。

（十分钟以后）

同事B：不好意思，我还是没想起来。

同事A：没关系，哪天说不定你就想起来了。

（5）妻子：你看见我的车钥匙了吗？我想不起来放哪儿了。

丈夫：我想起来了，你把钥匙放在我这儿了，在我的包里。

（6）警察：5月20号那天晚上你在哪儿？都做了什么？你还想得起来吗？

小王：我已经完全想不起来了。

11 这么着 zhèmezhe

指示代词**这么着**是北方方言，代替某种情况或动作。意思和用法与**这样**相似。也读"**zhèmezhāo**"。

Zhèmezhe is a demonstrative pronoun used in regional oral speech of the northern part of China to mean "this way". It's similar to **zhèyàng**. It also can read "**zhèmezhāo**".

[11] 奶奶：这晚上[要]用了，想起来了，我说去吧。这么着（我就来买了）。

（1）顾客：你看这么着好不好？我买你两条围巾，你便宜点儿。

老板：价钱已经是最便宜了！

（2）朋友A：明天上午你先来我家，咱们坐下聊聊天儿，中午找个饭店吃饭，下午再一起去逛街。

朋友B：行，就这么着吧。

（3）你总这么着，事情就不好办了。

12 比较：丰盛—丰富 fēngshèng—fēngfù

丰盛和**丰富**都可作形容词，有种类多或数量大的意思，它们的主要区别是：
丰盛只可用于物质的东西，如**菜肴**。

丰富可用于物质的东西，如**物产**；还可用于精神的东西，如**感情、知识、经验、想象力**。丰富还可作及物动词，后面带宾语，意思是"**使……丰富**"。

Fēngshèng "abundant" can be an adjective but can only be used for material wealth aspects (e.g., **càiyáo**).

Fēngfù "rich; sumptuous" can also be an adjective and used for both material wealth aspects (e.g., **wùchǎn**) and spiritual wealth aspects (e.g., **gǎnqíng, zhīshi, jīngyàn, xiǎngxiànglì**). Fēngfù can also be the transitive verb "enrich" and take an object.

[18] 高佑思：你们这一代人对人与人之间的感情，是*丰盛[丰富]的。

（1）今天是中秋节，老王准备了丰盛的酒菜，请朋友们来家里做客。

（2）许多人对晚餐非常重视，但是晚餐过于丰盛实际上并不科学。

（3）这个国家虽然不大，但物产丰富，人民生活富裕。

（4）我的母亲是一个感情丰富、容易受伤的人。

（5）她是一名优秀的足球运动员，曾经参加过奥运会，比赛经验非常丰富。

（6）孩子们总是有着丰富的想象力。

（7）爱好对于我们来说很重要，它可以丰富我们的生活。

练习

一、填空

> 象征　登录　拆开　记录　到点　丰富
> 丰盛　邀请　清晰　适当

1. 经理：小李，请你_____一下今天的会议内容。

   小李：好的，没问题。

2. 朋友A：为什么女孩子都喜欢玫瑰花呢？

   朋友B：玫瑰花很漂亮，也是爱情的_____。

3. 朋友A：照片拍得怎么样？

   朋友B：很好看，就是有点儿不太_____，我们再拍一张吧。

4. 病人：我的病怎么样？

   医生：没事，是小问题，身体累了就要_____休息。

5. 朋友A：我们的火车几点开？

   朋友B：两点，快_____了，准备上车吧。

6. 朋友A：今天的晚餐太_____了，非常好吃，谢谢！

   朋友B：哪里，都是普通的家常菜，欢迎你下次再来我家做客。

7. 朋友A：生日快乐！这是送给你的生日礼物，你快_____看看吧。

   朋友B：谢谢！

8. 朋友A：糟糕，我忘了我的微信密码，怎么办呢？

   朋友B：忘了密码没关系，你还可以通过手机短信_____微信。

9. 学生：老师，我们想_____您参加明天晚上的毕业晚会，您有时间吗？

   老师：不好意思，明天晚上有事，我来不了。

10. 经理：老李，新来的小王工作怎么样？

    老李：小王虽然年纪不大，但已经工作五六年了，工作经验非常_____。

二、配对

1. 小王，你什么时候把书还给我？
2. 这儿离公共汽车站有一千米，我们走过去坐车吧。
3. 小李，你还有多久到？大家都在等你呢。
4. 你刚才怎么把经理的名字给说错了？
5. 我昨天晚上做了一个跟考试有关的梦。
6. 学车真难，我考了两次都没通过。
7. 经理，我这就去上海出差了，您下午开会要用的文件还没有打印呢。
8. 我们公司经常加班，还是你们公司好，到点就下班。
9. 我好像在哪儿见过他，但一时想不起来了。
10. 老板，你看这么着好不好？我买十条秋裤，你给我打个六折。

A. 太远了，外面又那么热，算了，我们还是打的（dǎdī）去吧。
B. 都怪我一时紧张，他不会生气吧？
C. 真的吗？你是不是最近学习压力太大了？
D. 不好意思，我给忘了，今天没带，明天可以吗？
E. 别急，我这就到了。
F. 熟能生巧，你多开几次就好了。
G. 哪里，我们收入低，你们可比我们高多了。
H. 我跟你说了，十八元一条，价格已经是最低了，真便宜不了了。
I. 没事，谢谢你提醒，我叫小张去做吧。
J. 他不就是从以色列来的高佑思吗？他是网红，很有名。

三、回答问题

1. 朋友A：你孩子怎么不去国外留学呢？
   朋友B：_____（算了）

2. 妈妈：小明，现在都十一点了，怎么不去睡觉？
   小明：_____（这就+VP）

3. 朋友A：为什么有不少年轻人结婚以后还和父母住在一起？
   朋友B：_____（跟……有关）

4. 小李：经理，您找小王有什么事？我可以转告她。
   经理：_____（A+叫+B+VP）

5. 朋友A：你还记得这儿吗？

    朋友B：_____（想起来）

6. 老师：你为什么昨天没来上课？

    学生：_____（这么着）

7. 老师：你们的业余生活怎么样？都忙些什么？

    学生：_____（丰富）

PART 3 第三部分

准备内容
熟读视频文本，准备情境重现及口头叙述，尽量脱稿表演。

课堂活动
老师引导学生轮流进行情境重现及口头叙述，老师及时给予反馈。

情境重现

老师与学生（或学生与学生）根据提示，合理表演视频里的情境。

1. 高佑思跟刘哥第一次见面，打招呼、了解小卖部的情况。
2. 第[4]部分高佑思跟学区房家长聊天儿。
3. 第[8]部分高佑思跟玩儿"吃鸡"游戏的学生E聊天儿。
4. 第[10]部分高佑思跟买笔的学生H聊天儿。
5. 第[12]部分高佑思跟学生I的妈妈聊天儿，妈妈邀请高佑思来家里做客。

口头叙述

学生用自己的话，从不同的角度来复述视频里的故事。

1. 从高佑思的角度，介绍一下跟刘哥第一次见面，了解到的小卖部的情况。
2. 从买笔的学生H的角度，说一说他跟外国店员聊了些什么。
3. 从学生I的妈妈的角度，谈一下她跟儿子在小卖部的经历。
4. 从老板的角度，说一说高佑思在小卖部的工作表现。

PART 4
第四部分

准备内容
重看视频,根据视频话题准备问题,学习主持讨论的表达,准备课堂讨论。

课堂活动
学生轮流担任主持人,带领全班同学一起讨论。

人物访谈

如果课后请视频中的人物进行访谈,主持人可以问哪些问题,这些人物会怎么回答?请老师、同学们组织一次访谈,聊聊视频中的体验和想法。也请观众回答一些问题。以下的访谈提纲供师生选择使用。鼓励学生自己准备访谈问题,并邀请视频中其他人物加入访谈。

高佑思:
1. 你作为小卖部的店员需要做哪些工作?
2. 这份工作跟之前的经历有什么不一样的地方?
3. 你当店员的时候遇到了哪些人?
4. 你觉得体验当小卖部店员的工作有哪些困难?

刘哥：

1. 高佑思当店员时，表现怎么样？
2. 一般都有哪些顾客？他们来买什么东西？

小卖部的顾客：

1. 你去小卖部买什么东西？
2. 外国店员有没有跟你聊天儿？聊了些什么？
3. 你对小卖部印象最深刻的是什么？

观众：

你们家或者学校、单位附近有小卖部吗？你买过什么东西？

PART 5
第五部分

准备内容
根据课外实践要求,出门做任务,写下笔记,准备口头报告。

课堂活动
学生轮流进行口头报告,欢迎同学和老师提问,老师给予反馈。

课外实践

你们家或者学校、单位附近有小卖部吗?请去考察一下,拍几张照片或者买一些有意思的东西,也跟老板或者顾客聊一聊。跟你身边熟悉的人了解一下,他们对小卖部印象最深刻的是什么?另外,你自己的中小学生活是什么样的,哪里可以买到文具、玩具?挑选一个你感兴趣的话题,准备一个报告,跟大家分享你的收获。

文化拓展

▲ 学生减负

目前中国中小学生学习时间过长,课业负担过重,不仅上课要学习,下课或者周末也要报数学、英语、美术、音乐、舞蹈等各种补习班,面临的学习压力巨大,这样非常不利于少年儿童的全面发展和健康成长。为了彻底解决这一问题,2021年7月中共中央办公厅、国务院办公厅印发了《关于进一步减轻义务教育阶段学生作业负担和校外培训负担的意见》(简称"双减"政策)。本项政策明确提出,学校要全面减少作业总量和时长,提升学校课后服务水平,满足学生多样化需求。全面规范校外培训行为,学科类培训机构一律不得上市融资,不允许占用国家法定节假日、休息日及寒暑假期组织学科类培训。政策自实施以来,受到社会广泛关注和支持,取得了不错的效果。

Student Burdens

At present, Chinese primary and secondary school students' time spent studying is exceptionally long, and their workload is exceptionally heavy. Not only must students study during class, but after class and on the weekends they must also practice math, English, art, music, dance, and all sorts of extra classes during cram school. Under such tremendous academic pressure, students' childhood development and personal health may suffer. In order to solve this problem, in July of 2021, the General Office of the Central Committee of the Communist Party of China and the General Office of the State Council issued a new policy titled "Opinions on Further Reducing the Burden of Students' Homework and Off-Campus Training in Compulsory Education" (referred to as the "double reduction" policy). This policy explicitly states that schools are to comprehensively reduce the total amount and length of homework, improve the quality of after-school services, and work to meet the diverse needs of their students. The policy further requires the comprehensive standardization of off-campus tutoring practices, forbids tutoring and training organizations which specialize in an academic discipline (mathematics tutors, English cram school, science tutors, etc.) from going public to receive financing, and prohibits the use of national holidays and vacation periods, including summer and winter holidays, for organizing academic subject training. Since the implementation of this policy, it has received extensive attention and support from the Chinese people, as well as achieved positive results .

JĪCHǍNG CHŪFĀKǑU DE BǍISHÌ RÉNSHĒNG

机场出发口的百式人生

第 12 课

导 语

　　随着交通设施的快速发展,中国百姓的出行越来越方便了。便利的交通也带来了人们更匆忙的脚步、更频繁的出行和更快的生活节奏。2017年,中国完成客运量184.9亿人,是1978年的7.3倍。其中,铁路客运量30.8亿人次,是1978年的3.8倍;公路营业性客运量145.68亿人次,是1978年的10倍;民航客运量5.5亿人次,是1978年的200多倍。2019年,中国境内运输机场(不含香港、澳门和台湾地区)共有238个,全年完成客运量约1,352万人次。

　　在机场工作的地服人员的日常工作是怎样的?会遇到哪些有趣的人和事呢?让我们跟着高佑思一起去体验一下吧!

With the development of transportation technology, Chinese people have found domestic travel to be more and more convenient. Yet convenient transportation has also brought busier life, more frequent travels, and a faster pace of life. In 2017, China had a transport volume (instances of people traveling in a year) of 18.49 billion, which is 7.3 times that of 1978. Among them, the railway passenger volume was 3.08 billion, which was 3.8 times that of 1978. The highway passenger volume was 14.568 billion, which was 10 times that of 1978. The civil aviation passenger volume was 550 million, which was more than 200 times that of 1978. In 2019, there were a total of 238 airports in Mainland China (not including Hong Kong, Macau, and Taiwan). The airports in China have handled about 13.52 million passengers throughout the year.

What is it like to be an airport ground service agent? Are there any interesting people to meet or stories to hear? Let's check it out with Gao Yousi!

PART 1
第一部分

准备内容

1. 观看视频，对照文本和词汇，思考问题。
2. 自己准备几个内容问题（语言和文化都准备几个）。

课堂活动

1. 学生提问，其他同学和老师回答。
2. 老师对学生提问。

视频第一段（开始—5分00秒）

[1]

05：00 上海虹桥国际机场

高佑思：哎！So cold! 啊，我昨天才到上海，没*那么[这么]冷啊！冷得我打不开那个饮料。今天来体验在虹桥大机场的*地勤[地服]工作。真正的冬天已经开始了，不过真的后悔没带秋裤。好，Let's go!

[2]

在这渐薄的夜色中，高佑思的机场故事开始了。

高佑思： 我要在机场工作了，哈哈！你看有多帅，穿了西装，特别期待。

地服A： 首先这就是我们自助行李机器。然后，旅客来呢，刷一下身份证就可以办理了。

地服A： 刷一下身份证。您购买的机票为其他航空公司，您是什么航空公司的？

地服A： 这里每天就会遇到很多不同的航空公司的客人，然后我们站在这里呢，要分流旅客，为他指引到一个正确的柜台。

高佑思： 对，我也经常都不知道在哪儿。

旅客A： 吉祥（航空公司）。

地服A： 到头左转。

高佑思： 如果是外国人，没有身份证啊？

地服A： 那就用护照，Passport。这儿也可以用护照。

高佑思： 啊，也可以。

地服A： 是的。护照一刷就可以。

高佑思： OK！

[3]

高佑思:嗯,放这儿。对,在这儿,就是它。去出差去吗?

高佑思:啊,请刷一下身份证就可以,方便。

旅客B:哦?不是。

高佑思:啊,不是这个,对!

旅客C:办不了吗?

高佑思:嗯……对!停止办理。

旅客C:啊,那得去那边?

高佑思:对,你去C17看看。

地服A:17、18,赶快,抓紧。

高佑思:你想办那个登机*卡[牌]吗?就刷你的身份证就可以了。

旅客D:我还有个朋友还没来。

高佑思:你们是去出差去吗?还是……

旅客D:对,对。年底了。

高佑思:年底就是最……*最多次出差[最多]的时候。

旅客D:最忙的时候。

高佑思:对,最忙的时候。

[4]

高佑思： 我帮你。瞧！然后自动出来。你是去哪里啊？

旅客E： 去北京开会。

高佑思： 啊，开会。*平时[经常]在路上……

旅客E： 对。

高佑思： 上海、北京？

旅客E： 对女性来说并不很好，因为还有孩子要照顾呢，所以我尽量减少出差。

高佑思： 那你老公也会经常出差吗？

旅客E： [他是]今天下午的飞机，我今天上午。

高佑思： 哇，你们这两个真的太忙了，*反正[那]就祝你们一切顺利啊。

旅客E： 谢谢啊。

高佑思： 好，OK，拜拜。

高佑思： 哇哦，*正常的在中国*的这是一个[正常的]现象，[我]发现很多人是这样子。现在没办法，如果不这么工作，不这么去出差，你没办法好好赚钱嘛！哎！

[5]

高佑思： 去出差还是去玩儿？

旅客F： 出差的。

高佑思： 出差的，你是*平时[经常]出差的吗？

旅客F： 没那么频繁。

高佑思： 出差吗？

旅客G： 对！最近[出得]比较*出[多]，年末了。

高佑思： 嗯，年末了。

旅客H： [到]上海出差。

高佑思： 出差吧？

旅客I： 对，出差。

高佑思： 会觉得很累吗？经常要出差。

旅客I： 还好。

高佑思： 您是出差吗？

旅客J： 对！

高佑思： 怎么大家都是出差，这几天？没有人出去玩儿，是吗，到现在？

旅客J： 还没有到放假的时间。

高佑思： 还没有到放假的时间。

高佑思： 有那么多人，就放这儿就可以了。

匆忙的，短暂的，不驻足的，机场是城市的缩影。

[6]

11:30 进入出发安检口前

高佑思： 看你们这么*很久在这里待着，所以我就很好奇你们的那个……

旅客K的女朋友： 我们在聊天。

旅客K： 谢谢，我那个登机牌刚才来的时候已经办理好了，然后我正在等……等那个时间。

高佑思： 啊，你们是……

旅客K的女朋友： 异地恋。

高佑思： 是这样子啊。

旅客K： 几个月见一回吧。

旅客K的女朋友： 两三个月一次吧。

高佑思： 哇哦，所以你们会一直到最后的最后一分钟再告别，是吧？

旅客K的女朋友： 对啊。

旅客K： 我们还有一个小时吧，我十二点半进去。

[7]

12:30 高佑思开始在爱心专柜协助工作

高佑思： 去哪里？

旅客L的家长： 去长沙那边读书。他已经坐过一次啦。

高佑思： 是吗？

旅客L的家长： 上次去，这次回来，这次又去。在这边没办法带他，再加上那个是*全托[寄宿]的学校嘛，就是教育方面啊，肯定会对他有一点儿帮助。

高佑思： 一个人坐飞机，没问题，是吧？

旅客L： 嗯！

高佑思： 没问题，不怕，是吧？

高佑思： 我可以送你们到那个门口吗？

旅客L的家长： 谢谢，谢谢，谢谢！林健！

旅客L： 啊？

旅客L的家长： 那个，到时候把手机开了，你自己找到那个地方啊。

旅客L： 好。

旅客L的家长： 拜拜。

高佑思： 我会跟着，他没问题。你可以吗？

词 汇

出发口	chūfākǒu	[n.]		departure gate

[1]

上海虹桥国际机场	Shànghǎi Hóngqiáo Guójì Jīchǎng	[p.n.]		Shanghai Hongqiao International Airport
打不开	dǎbukāi			be unable to open
地勤	dìqín	[n.]		airport technician
地服	dìfú	[n.]		airport ground service agent
后悔	hòuhuǐ	[v.]	[5级]	regret

[2]

渐	jiàn	[adv.]		gradually
夜色	yèsè	[n.]		dim light of night
西装	xīzhuāng	[n.]	[5级]	western-style suit
自助	zìzhù	[v.]	[7-9级]	help oneself
身份证	shēnfènzhèng	[n.]		identification card
办理	bànlǐ	[v.]		handle; conduct
航空公司	hángkōng gōngsī			airline company
分流	fēnliú	[v.]		separate the flow of traffic

指引	zhǐyǐn	[v.]		point (the way); guide
吉祥	Jíxiáng	[p.n.]		Juneyao (Airlines)

— [3] —

办不了	bànbuliǎo			be unable to get something done
登机牌	dēngjīpái	[n.]		boarding pass (登机[7-9级])

— [4] —

瞧	qiáo	[v.]	[5级]	(coll.口语词) take a look
自动	zìdòng	[adv.]	[3级]	automatically
尽量	jǐnliàng	[adv.]	[3级]	to the best of one's ability

— [5] —

频繁	pínfán	[adj.]	[5级]	frequent
年末	niánmò	[n.]		end of the year

— [6] —

异地恋	yìdìliàn	[n.]		long-distance relationship
回	huí	[m.]		(for times)

— [7] —

爱心	àixīn	[n.]	[3级]	compassion

专柜	zhuānguì	[n.]	[7-9级]	special sales counter
协助	xiézhù	[v.]	[6级]	assist
长沙	Chángshā	[p.n.]		Changsha (capital of Hunan Province)
带	dài	[v.]		look after (child)
全托	quántuō	[v.]		boarding (for nursery or kindergarten)
寄宿	jìsù	[v.]		boarding (for school)
跟	gēn	[v.]		follow

问题

1. 地服每天的工作是什么?

2. 中国旅客和外国旅客怎么办理登机牌?

3. 这是一年中的什么时候？这些旅客为什么需要坐飞机?

视频第二段 （5分00秒—9分40秒）

[8]

高佑思： 你好，这*位[次]是他一个人。对。

旅客L的家长： 等到他，稍微就是稳定了以后，初中三年级啊，那样子的话，我肯定会把他*拿[接]到上海来，毕竟是在这边读书[更好]嘛，但是现在的话，我实在管不住了，我们两个都是上班比较忙，真的没时间去管了，尤其是在学习[上]，我们跟不上去，不会教。那好啦，我*再见[先走]了啊。

高佑思： 好的，谢谢你，一路平安！

[9]

旅客M： 我们是（去）看儿子、媳妇[的]。

高佑思：啊，去看儿子、媳妇。

旅客M：孙子。

高佑思：太棒了，他们都在洛阳。没事，我来推，我来帮你，没事。

旅客M：那不好意思啊。

高佑思：不[用]不好意思，[今天]是我应该为你们服务*今天*。

地服B：人手一张票，拿着往里走了。OK，往里边请。

高佑思：所以之前在洛阳，其实？

旅客M：工作的话，工作在那边。

旅客N：那时候，毛主席那个时候，不是现在了，学校毕业了之后，他给你安排工作。

高佑思：是这样子。

旅客N：叫你上哪儿，你上哪儿。

旅客M：（我们是）上海电机学院毕业的，然后我们就到外地工作。

高佑思：是这样子，那（你们）在洛阳待了多久？

旅客N：四十年。

高佑思：四十年。

旅客M：哎，什么四十年，我大儿子现在都五十五岁了！

旅客N：他讲我们在洛阳待了多久。

旅客M：那就是啊，没有大儿子的时候就到洛阳、南阳了。(我们是)同学,刚好分配到一起。

高佑思:可以!

旅客M:我们就谈恋爱结婚。

高佑思:我是来自以色列[的]。

旅客N:哦,真的呀?

高佑思:是。

旅客N:以色列的我还没见过。

高佑思:你还没见过。

旅客N:第一次。

旅客M:犹太人也是我们的友人嘛!

旅客N:滴灌就是我们在以色列学的。

高佑思:对对。是是是。

地服C:门口停下。

高佑思:我知道,我知道。OK,一路平安啊!

旅客M:再见!

高佑思:再见!拜拜!

[10]

高佑思:你好,不好意思!

旅客O:欸,你好!

高佑思：需要什么帮助？你在等飞机吗？

旅客O：我去石家庄，回家。

高佑思：回家？你刚来上海出差，还是……

旅客O：没有，我在苏州工作。

高佑思：啊，你从苏州到上海？

旅客O：到上海！对对对！周六周日嘛，回家。孩子、老婆都在家里面，周日回苏州嘛。

高佑思：所以你基本上每周都要飞来飞去。那这样的生活你习惯了吗？

旅客O：不习惯。哎呀，这儿生活太累了，你知道吧？从我苏州启程出发到上海，连到石家庄，四个小时吧，今天应该时间长了。

高佑思：所以你会想改变这样的生活节奏吗？

旅客O：想在一起，这是肯定的。但是现在工作环境、工作实际情况是不允许的，是这样子。

[11]

高佑思：请问这是谁啊？

旅客P：林墨，易安音乐社林墨。

高佑思：哦，你是跟他一块儿（坐飞机）吗？

旅客P：对。

高佑思：啊，这么好！我真的没见过！一个一个的。

旅客Q：[我]认识你，你是那个那个那个，我忘记你叫什么了，但是我真的认识你。

高佑思：哈哈，Maybe！我在这里工作，然后，我们在这里拍一个节目，就是体验……

旅客Q：是不是那个，就是……

高佑思："歪果仁研究协会"。

旅客Q：我知道，我知道，就是那个。

旅客R：你是叫啥？

高佑思：高佑思。

旅客Q：哦，对对对！我看过你的节目，超有趣的！

高佑思：太好了，谢谢你们。我就很好奇，你们这是……

旅客Q：好开心啊！

高佑思：啊，是吗？我也很开心，你知道吗？谢谢！这是我第一次看[到]有人（在机场）追星，所以我很好奇。你很喜欢他，是吧？

旅客Q：因为她喜欢……

高佑思：啊，你会去见不同的明星，还是只有他？

旅客R：只有他。

高佑思：只有他，所以你们就会买一*个[张]机票进来，而*是不是真正坐飞机。太有爱了你们，真的，哇哦！

旅客R：我们现在要赶时间，先走了。

高佑思：没问题，OK，谢谢你们。

旅客Q：很高兴见到你，拜拜。

高佑思：拜拜，谢谢你的支持。

词 汇

[8]

管不住	guǎnbuzhù			be unable to keep under control
跟不上去	gēn bu shàngqù			unable to catch up

[9]

媳妇	xífù	[n.]	[7-9级]	daughter-in-law
洛阳	Luòyáng	[p.n.]		Luoyang (in Henan Province)
人手	rén shǒu			each person take...in their hands
毛主席	Máo Zhǔxí	[p.n.]		Chairman Mao (Mao Zedong, 1893—1976)
上海电机学院	Shànghǎi Diànjī Xuéyuàn	[p.n.]		Shanghai Dianji University (specializing in engineering)
外地	wàidì	[n.]		place other than where one is
南阳	Nányáng	[p.n.]		Nanyang (in Henan Province)
刚好	gānghǎo	[adv.]		happen to; it so happened that
分配	fēnpèi	[v.]		distribute; assign
谈恋爱	tán liàn'ài			be in a relationship (恋爱 [5级])
滴灌	dīguàn	[v.]		drip irrigation

[10]

苏州	Sūzhōu	[p.n.]	Suzhou (in Jiangsu Province)
启程	qǐchéng	[v.]	start on a journey

[11]

易安音乐社	Yì'ān Yīnyuèshè	[p.n.]	Yi An Musical Group
节目	jiémù	[n.]	(TV) program
有趣	yǒuqù	[adj.]	interesting; amusing
追星	zhuīxīng	[v.]	adore celebrity
有爱	yǒu'ài	[adj.]	loving (an internet slang term desscribing a person or their actions as motivated by love or affection)

问题

1. 老先生那个年代的毕业生怎么找工作?

2. 回石家庄的旅客O习惯每周飞来飞去的生活了吗?

3. 喜欢林墨的女生是怎么在机场追星的?

小调查

查一下上海虹桥国际机场和上海浦东国际机场的位置。从苏州怎么到上海的这两个机场?

视频第三段 （9分40秒—15分00秒）

[12]

17：30 员工休息室

地服D：其实还好，就站着累吧？

高佑思：对，但是有点儿累，因为站了，站了几个小时，你们不会*觉得累有时候[有觉得累的时候]吗？

地服D：站得久是会累的。我们需要[比]第一个航班提早九十分钟，我们已经到这边[了]。

高佑思：那习惯了吗？还是……还是没习惯？

地服E：没有习惯。

高佑思：会出去玩儿吗，[在]休息的时候？

地服E：偶尔吧。

地服F：很累，玩儿不动。

地服D：其实主要是跟正常的行业可能工作时间岔开了。

高佑思：如果你们所有的朋友圈子*会[都]来自*于这儿，最后你们找的对象有可能会来自*于这里。有，是不是？说出你的故事。

地服D：我要说破吗？哈哈。

高佑思：说朋友的故事。

地服D：目前有两个人就有点儿关系。

高佑思：啊，是我们俩还是谁？

地服F：是我们俩。

高佑思：是我们俩，就我们俩。

地服D：懂了吧？

高佑思：啊，懂了，不要害羞。第一天我一看你，我就有一点儿感觉。

[13]

19：30 虹桥T2航站楼登机口

地服G：给的原因是航空管制延误的，已经起飞了，马上落地，还有15分钟左右。

地服H：对的，它是从青岛到上海，大概七点四十分左右到。

高佑思：哦，飞机来了。

旅客S：八点半检票，不是八点半起飞吗？

地服H：它这个时间*的话是之前，就是航班还没有起飞的时候预计的时间。

高佑思：对。抱歉。

旅客T：八点半还检不了？

地服H：八点半左右。

旅客T：八点半左右？

地服H：欸，对的，因为他打扫卫生不确定什么时候能打扫好。

旅客T：我再等会儿，谢谢。

地服H：啊，没事没事。

[14]

20：17 延误航班开始登机

地服H：45排以后的旅客在B区排队哦，45排以前的在C区啊。

高佑思：来看一下你们的（登机牌）。45排以后。

地服H：所有的旅客，麻烦这边拐个弯儿，好吗？

高佑思：对，在这儿，*在[从]这里开始（拐弯儿）。

旅客U：45以后的，是吧？

高佑思：对。抱歉，延误了一点儿。不好意思，延误了一点儿。Sorry for the delay.

地服H：还有几个客人没来啊？

高佑思：还有四个人。

地服G：先生，您现在登机的不是这个航班啊。成都的在71，往那边走。

高佑思：啊，哈哈，快快快！

地服H：你让他广（播），让他广（播）。

高佑思：我来。

地服H：会吗？你来吧。

高佑思：是谁？东强？

地服H：赵—富—华。

高佑思：啊，赵富华，OK！赵富华，赵富华，请尽快到72号登机口登机，前往青岛的飞机——中国东方航空MU5523，很快就要结束了，最后几分钟，请……耶！

地服I：来这里，来这里。

高佑思：不着急，不着急。怎么啦，晚了？没事。睡觉，是吧？没听见。

旅客V：不好意思，不好意思。

高佑思：没事，没事。

旅客V：怎么下去？

高佑思：从这边，OK！

[15]

高佑思：那你已经干了很久，*如果[因为]你现在是主任。

主　任：对，很久。

高佑思：多久啦？

主　任：十……十五年，活生生地从一个小鲜肉熬成了现在这样。

高佑思：但是坚持那么久也有理由，是不是喜欢上这个行业，或者[是]习惯，或者[别的]什么？

主　任：很有成就感。

高佑思：比如说……

主　任：如果[能]把一位客人*能服务得很好、很舒服，[就]有一点儿小小的成就感，然后积少成多。做服务性行业最大的收获就是要设身处地，换位思考，把自己脾气磨得好一点儿，稳一点儿。

[16]

第二天 09：00 随着高佑思在机场工作的结束，"别见外"第一季的最后一集也即将完结

高佑思：以色列不下雪，很少，我的国家很少下雪。

[17]

技术构建了人的空间体验，人类不再局限于周遭，社会交往从地域中解放。

公共空间的互动是朦胧的，陌生人致以礼貌的疏远，不经意的目光相遇，擦肩而过。

出发生产着不同的意义：奔忙、离别、归乡、远行。机场是现代生活的仪式。

鸣谢：中国东方航空集团有限公司协助拍摄。

词 汇

[12]

偶尔	ǒu'ěr	[adv.]	[5级]	occasionally
岔开	chàkāi			space out
圈子	quānzi	[n.]	[7-9级]	community
对象	duìxiàng	[n.]	[3级]	boyfriend; girlfriend
说破	shuōpò			expose (secrets)
害羞	hài xiū		[7-9级]	be shy

[13]

| 航站楼 | hángzhànlóu | [n.] | | airport terminal building |
| 管制 | guǎnzhì | [v.] | | put under mandatory restriction |

延误	yánwù	[v.]	[7-9级]	arrive too late
落地	luò dì		[7-9级]	fall to the ground
青岛	Qīngdǎo	[p.n.]		Qingdao (in Shandong Province)
打扫	dǎsǎo	[v.]	[4级]	sweep; clean

[14]

排	pái	[m.]	[2级]	row; line
拐弯儿	guǎi wānr		[7-9级]	turn around
前往	qiánwǎng	[v.]	[3级]	leave for
中国东方航空	Zhōngguó Dōngfāng Hángkōng	[p.n.]		China Eastern Airlines

[15]

主任	zhǔrèn	[n.]	[3级]	director; head
活生生	huóshēngshēng	[adj.]		real; living
小鲜肉	xiǎoxiānròu	[n.]		(lit. little flesh meat) an internet slang for cute young man in his late teens to early twenties
熬成	áochéng			endure; go through
理由	lǐyóu	[n.]	[3级]	reason; grounds
思考	sīkǎo	[v.]	[4级]	ponder over; reflect on
磨	mó	[v.]	[6级]	polish; grind

[16]

集	jí	[m.]		episode
完结	wánjié	[v.]		end; be over

[17]

构建	gòujiàn	[v.]	[6级]	structure
空间	kōngjiān	[n.]	[4级]	space
人类	rénlèi	[n.]	[3级]	human beings
局限	júxiàn	[v.]	[7-9级]	confine
周遭	zhōuzāo	[n.]		around
交往	jiāowǎng	[v.]	[3级]	contact; associate
互动	hùdòng	[v.]	[6级]	interact
朦胧	ménglóng	[adj.]	[7-9级]	dim
致以	zhìyǐ	[v.]		extend/give (greetings/etc.)
疏远	shūyuǎn	[adj.]		drift apart
不经意	bù jīngyì		[7-9级]	be unaware of
目光	mùguāng	[n.]	[5级]	sight
奔忙	bēnmáng	[v.]		bustle about
归乡	guī xiāng			return hometown
仪式	yíshì	[n.]	[6级]	ceremony; rite

问 题

1. 第[12]部分坐在左边的地服D想说破什么？

2. 从青岛到上海的飞机是因为什么延误的？

3. 主任坚持那么久的理由是什么？

PART 2 第二部分

准备内容

1. 学习语言点，熟读课文例句及其他例句。
2. 完成书面练习。

课堂活动

1. 讨论语言点例释，流利地表演例句情境。
2. 讨论书面练习。

语言点

1　Adj.+得+描述性补语　Adj.+de+Descriptive Complement

形容词和**得**之后常加上描述性的词、短语或小句，对形容词进行补充描述。

To add deeper description to an adjective, follow an adjective with **de** and a descriptive complement (i.e., word, phrase, clause). This will show the extent of that adjective and its effects on the subject.

[1] 高佑思：我昨天才到上海，没*那么[这么]冷啊！冷得我打不开那个饮料。

（1）妈妈：女儿，你怎么才和我们联系呀？你爸急得要命，以为你出事了呢？

女儿：前天我的手机坏了，今天才修好，放心，我没事。

（2）同学A：听说你们宿舍的空调坏了。

同学B：是的，昨天晚上太热了，我热得都睡不着觉。

（3）朋友A：小丽怎么了？

朋友B：她刚跟男朋友分手，伤心得饭都吃不下。

2 为　wéi

为读第二声时是动词，意思是"是"，是源自古代汉语的用法，用于书面语。
When **wéi** takes a second tone it is a verb and can mean **shì**. This comes from ancient Chinese and therefore is used in a formal style.

[2] 地服A：刷一下身份证。您购买的机票为其他航空公司，您是什么航空公司的？

（1）在中国，年满十八周岁为成年人。

（2）美国高中学制为四年，而中国高中学制为三年。

（3）最近的高温天气为历年罕见。

3 再加上　zài jiāshang

再加上常用于引出对某个情况或原因的进一步补充。
Zài jiāshang adds supporting information or reasons to the topic at hand.

[7] 旅客L的家长：在这边没办法带他，再加上那个是*全托[寄宿]的学校嘛！

（1）同学A：你这学期上几门课？

同学B：五门，再加上每周打十个小时的工，忙死了！

（2）同事A：今年放假你打算去哪儿？

同事B：哪儿也不去，孩子还小，再加上放假外面人太多，还是在家里休息一下好了。

4 实在　shízài

副词**实在**的意思是真的、的确，强调事情的真实性。

Shízài expresses "really" or "truly" and adds a sincere feeling to the topic at hand.

[8] 母亲：但是现在的话，我实在管不住了。

（1）经理：你这个数字搞错了吧？

　　员工：实在抱歉，我昨天没看清楚，今天再核对一遍。

（2）主人：你再吃一点儿吧。

　　客人：我吃得太多了，实在吃不下了。

（3）主人：来，干杯！

　　客人：我已经喝得太多了，实在是不能再喝了。

5 一路平安　yílù píng'ān

一路平安的意思是整个旅程中没有事故，平稳安全，常用作对外出旅行的人的祝福语。**一路**的意思是整个旅行过程，**平安**的意思是平稳安全。

Yílù píng'ān wishes someone have a safe trip. **Yílù** means "throughout the journey". **Píng'ān** means "safe and sound".

[8] 旅客L的家长：那好啦，我*再见[先走]了啊。

　　高佑思：好的，谢谢你，一路平安！

（1）朋友A：谢谢你送我到机场。

　　朋友B：别客气，祝你一路平安，到了以后给我发个消息！

（2）弟弟：火车马上要开了，我该上车了。

　　姐姐：拿好行李，一路平安！

6 使用两个同样的疑问代词表示任指　Questions Words Used in Pairs

句子前后用同一个疑问代词表示任指，两个疑问代词前后呼应，指相同的人、事物、地点、方式等。第二分句常用**就**。

Question words can be repeated in pairs to take on an indefinite sense that can be translated into English by the corresponding question word plus "-ever" (e.g., whoever, whichever, wherever). For example, the question word **nǎr** "where" takes on the meaning "wherever". The second clause often contains **jiù** "then".

[9] 旅客N：叫你上哪儿，你上哪儿。

（1）女朋友：我们放假去哪儿玩儿？

男朋友：你想去哪儿玩儿，我们（就）去哪儿玩儿。

（2）室友A：你平常几点睡？

室友B：我都可以。你几点睡，我就几点睡。

（3）病人：医生，有什么不能吃的东西吗？

医生：没有，你想吃什么就吃什么，没关系。

7 V+来+V+去　V+lái+V+qù

V+来+V+去表示相同的动作行为多次重复。常用于这一结构的动词有**看**、**想**、**说**、**找**、**讨论**、**研究**等。

The pattern **V+lái+V+qù** expresses the sense of "do something back and forth" or "do something again and again". Common verbs include **kàn, xiǎng, shuō, zhǎo, tǎolùn, yánjiū**.

[10] 高佑思：所以你基本上每周都要飞来飞去。那这样的生活你习惯了吗？

旅客O：不习惯。

（1）同学A：手机找到了吗？

同学B：我找来找去，怎么也找不到。你给我的手机打个电话吧。

（2）朋友A：你挑好了吗？打算买哪件衣服呢？

朋友B：看来看去，还是我试的第一条裙子最好看，就买它吧。

（3）朋友A：小明选好学校了吗？什么时候出国留学？

朋友B：我们想来想去，还是觉得不能让孩子一个人出国留学，等他在国内读完大学再说吧。

（4）朋友A：你们讨论得怎么样了？网店开起来了吗？

朋友B：我们讨论来讨论去，觉得还是卖秋裤比较好。

8　赶时间　gǎn shíjiān

赶时间的意思是时间不够，得抓紧、赶快做某事。

Gǎn shíjiān (literally to "rush time") means "to hurry up (and do something)".

[11] 旅客R：我们现在要赶时间，先走了。

高佑思：没问题，OK，谢谢你们。

（1）乘客：师傅，能不能稍微开快一点儿，我赶时间。

司机：没问题，放心，前面就快到了。

（2）同事A：今天怎么又要加班了？

同事B：为了赶时间，我们只能加班了。

9　积少成多　jīshǎo-chéngduō

成语**积少成多**的意思是通过积累少量的东西最终能成为巨大的数量。

Literally meaning "accumulate-few-become-many", **jīshǎo-chéngduō** is an idiom that means accumulating small amounts over time can yield a large quantity or "many a little makes a lot".

[15] 主任：如果[能]把一位客人*能服务得很好、很舒服，[就]有一点儿小小的成就感，然后积少成多。

（1）朋友A：你送外卖一单才赚五块钱？

朋友B：虽然钱少，但是积少成多，一个月下来也是一笔不小的收入。

（2）留学生：我的汉语太烂了，怎么办？

老　师：你现在汉语说不好没关系，只要每天坚持学习，积少成多，过不了多久就会特别棒！

10 设身处地　shèshēn-chǔdì

成语**设身处地**的意思是设想自己处在别人的地位或环境中，这样就可以从别人的角度来思考问题，为别人着想。

Literally meaning "imagine-oneself-in-position", **shèshēn-chǔdì** is an idiom that means "assume that oneself is in someone else's position", with a freer translation being "put oneself in someone else's shoes".

[15] 主任：做服务性行业最大的收获就是要设身处地，换位思考，把自己脾气磨得好一点儿，稳一点儿。

（1）外国学生：真是不太明白，留守儿童的父母怎么舍得离开孩子？

中国学生：你设身处地地想一想，父母如果不去大城市好好儿赚钱，家里吃什么呢？

（2）说话的时候，要注意设身处地地为他人着想。

练 习

一、填空

> 后悔　　尽量　　对象　　偶尔　　实在　　赶时间
> 积少成多　　设身处地　　出差　　恋爱

1. 外国学生：下个月我要参加期末考试了，口语_____太难了，我有很多问题，你可以帮我吗？

   中国学生：你别着急，我会_____想办法帮你的。

2. 学生：老师，汉语的词语那么多，我应该怎么办呢？

   老师：你可以每天学一些新的词语，时间长了，_____，就会有很大的收获。

3. 朋友A：你儿子有_____了吗？

   朋友B：他连_____都没谈过，你给他介绍一个女朋友吧。

4. 朋友A：我看到你在北京旅行的照片了，那儿真漂亮，真_____没和你一起去。

   朋友B：没事，以后还有机会。

5. 朋友A：今天我又和我妈吵架了，她不让我晚上出来玩儿。

   朋友B：你_____地想一想，她肯定是因为担心你，你可以告诉她你和我在一起，我会送你回家的。

6. 小　王：金经理，我想找您签个字。

   金经理：我现在_____去机场，要去上海_____，你下周一来找我吧。

7. 朋友A：你经常去酒吧玩儿吗？

   朋友B：不是，_____，一年两三次吧。

二、配对

1. 今天室外温度三十五度，太热了！
2. 作为家长，孩子天天玩儿游戏，你们怎么也不管管孩子呢？
3. 老师，您觉得我的论文怎么样？我改了一个星期。
4. 你觉得老人带孩子怎么样？
5. 孩子们不能在河边跑来跑去，很危险。
6. 王总，请您介绍一下贵公司的情况。
7. 我明天就回国了，谢谢您对我的帮助！
8. 你暑假怎么不和我们一起去上海玩儿呢？
9. 我跑了五公里，实在跑不动了。
10. 我们周末去哪儿玩儿？

A. 我们太忙了，没时间管他，也管不住他，他喜欢做什么就做什么吧。
B. 我们公司成立于2003年，为世界五百强之一，是国内第二大电商平台。
C. 休息一下，今天就到这里吧。
D. 挺好的，不过还有一些小问题，需要再改一下。
E. 是啊，我在外面走了五分钟，就热得全身都是汗了。
F. 不太好，还是父母自己教育孩子比较好。
G. 不客气，祝你一路平安！一切顺利！
H. 我听你的，你想去哪儿，我们就去哪儿。
I. 我妈妈病了，再加上我还有一些工作没做完，所以这次就不出去了。
J. 好的，我这就告诉他们。

三、回答问题

1. 朋友A：小王，你看起来非常累，没事吧？
   朋友B：_____（Adj.得……）

2. 朋友A：你怎么让你孩子回老家上学呢？
   朋友B：_____（再加上）

3. 朋友A：我们再来两个菜吧。
   朋友B：_____（实在）

4. 朋友A：_____（什么）

   朋友B：我觉得你这样不好，孩子要少吃垃圾食品。

5. 朋友A：你看到我的钥匙了吗？_____（V来V去）

   朋友B：我没看到，你别着急，好好儿想想放哪儿了。

6. 学生A：你怎么走得那么快？打算去哪儿啊？

   学生B：_____（赶时间）

PART 3 第三部分

准备内容

熟读视频文本，准备情境重现及口头叙述，尽量脱稿表演。

课堂活动

老师引导学生轮流进行情境重现及口头叙述，老师及时给予反馈。

情境重现

老师与学生（或学生与学生）根据提示，合理表演视频里的情境。

1. 高佑思向地服A学习如何办理登机牌。
2. 高佑思向送孩子上学的母亲了解她工作和家庭的情况。
3. 高佑思向去洛阳的老先生、老太太了解他们旅行的原因和之前的工作、生活情况。
4. 高佑思跟回石家庄的旅客O聊天儿，了解他的工作和生活情况。

口头叙述

学生用自己的话，从不同的角度来复述视频里的故事。

1. 从高佑思的角度，说一下如何帮助旅客办理登机牌以及旅客为什么需要坐飞机。
2. 从异地恋的男生或者女生的角度，说一说自己异地恋的生活。
3. 从送孩子上学的母亲的角度，谈一下她去长沙读书的儿子。
4. 从去洛阳的老先生或者老太太的角度，聊一下自己毕业之后的经历。
5. 从回石家庄的旅客O的角度，谈谈他的工作和生活情况。
6. 从地服员工的角度，说说自己的行业。
7. 从高佑思的角度，聊一下航班延误的故事。
8. 从主任的角度，聊聊他的工作。

PART 4
第四部分

准备内容

重看视频，根据视频话题准备问题，学习主持讨论的表达，准备课堂讨论。

课堂活动

学生轮流担任主持人，带领全班同学一起讨论。

人物访谈

如果课后请视频中的人物进行访谈，主持人可以问哪些问题，这些人物会怎么回答？请老师、同学们组织一次访谈，聊聊视频中的体验和想法。也请观众回答一些问题。以下的访谈提纲供师生选择使用。鼓励学生自己准备访谈问题，并邀请视频中其他人物加入访谈。

高佑思：
1. 你作为机场的地服需要做哪些工作？
2. 你印象最深刻的旅客是谁？为什么？
3. 你帮助到了哪些旅客？是怎么帮助他们的？

送孩子上学的母亲：
1. 为什么你要把孩子送到长沙读书而不在上海？
2. 你打算让孩子在长沙读书读到什么时候？

去洛阳的老先生/老太太：
1. 为什么您在上海毕业后要去外地工作？
2. 您对以色列的印象怎么样？

回石家庄的旅客：
1. 你基本上每周都要飞来飞去吗？
2. 你会想要改变这样的生活状况吗？

观众：
你印象最深刻的旅客是谁？为什么？

PART 5
第五部分

准备内容
根据课外实践要求,出门做任务,写下笔记,准备口头报告。

课堂活动
学生轮流进行口头报告,欢迎同学和老师提问,老师给予反馈。

课外实践

向你熟悉的人了解一下,他们自己或家人、朋友的行业需不需要出差,频繁不频繁,有没有异地恋、在外地工作、让孩子回老家读书、在机场追星、工作时间跟正常的行业岔开的情况?你能不能采访到一位接受过毕业分配的人,了解一下他的工作和生活情况?挑选一个你感兴趣的话题,准备一个报告,跟大家分享你的收获。

文化拓展

毕业分配制度

"毕业分配"制度是指20世纪50—90年代在计划经济体制下,中国的大学或中专毕业生就业按国家下拨的计划指标进行统一安排。毕业分配能够保证每个毕业生都有一份工作,但是强调"服从国家",对个人的兴趣爱好、能力特长、就业要求等不太重视。毕业分配在特定时期内,起到了推动人才流动和资源调配、协调不同行业和地区利益的作用。但随着市场经济体制的建立，毕业分配制度的问题和缺点也越来越明显。到20世纪90年代中后期，毕业分配逐渐退出了历史舞台。

▲ Graduate Job Assignment System

The "Graduate Job Assignment System" was a system of the planned economy between the 1950s and 1990s which guaranteed graduates of Chinese universities as well as vocational secondary schools a job in a government work unit according to an allocated quota. However, the system emphasized a mentality of "obey the national strategy", and paid little attention to individual interests, abilities, and career interests. Graduates were guaranteed jobs, but the jobs were not guaranteed to align with their interests. At that time, the system promoted the distribution of talents and resources and balanced interests across industries and regions. But with the establishment of the market economy, the disadvantages of the system became increasingly apparent. By the mid-to-late 1990s, the "Graduate Job Assignment System" had basically been retired from use.

生词总表

A

哎哟	āiyō	[intj.]		8
矮	ǎi	[adj.]		8
爱心	àixīn	[n.]	[3级]	12
安放	ānfàng	[v.]		11
安排	ānpái	[v.]	[3级]	8
安心	ānxīn	[adj.]	[7-9级]	10
按	àn	[prep.]	[3级]	8
按时	ànshí	[adv.]	[4级]	7
熬成	áochéng			12
澳门	Àomén	[p.n.]		9

B

摆拍	bǎipāi	[v.]		7
搬家	bān jiā		[3级]	7

搬运	bānyùn	[v.]		7
搬走	bānzǒu			7
办	bàn	[v.]	[2级]	8
办不了	bànbuliǎo			12
办理	bànlǐ	[v.]		12
半成品	bànchéngpǐn	[n.]		8
包裹	bāoguǒ	[v.]	[4级]	9
包间	bāojiān	[n.]		9
包满	bāomǎn			8
薄	báo	[adj.]	[4级]	8
报出来	bào chulai		[7-9级]	9
抱	bào	[v.]	[4级]	8
北大	Běidà	[p.n.]		7
背	bèi	[n.]		10
倍	bèi	[m.]	[4级]	8
奔忙	bēnmáng	[v.]		12
本地人	běndìrén	[n.]		9
本科生	běnkēshēng	[n.]		7
甭	béng	[adv.]		11
比起来	bǐ qilai			7
变化	biànhuà	[n.]	[3级]	11
便利	biànlì	[adj.]	[5级]	10

标准	biāozhǔn	[n.]	[3级]	8
并	bìng	[adv.]	[3级]	10
不经意	bù jīngyì		[7-9级]	12
不如	bùrú	[v.]	[2级]	8
步伐	bùfá	[n.]	[7-9级]	10
步行	bùxíng	[v.]	[4级]	10
步入	bùrù	[v.]	[7-9级]	7

C

擦	cā	[v.]	[4级]	9
猜	cāi	[v.]	[5级]	7
采茶	cǎi chá			8
采摘	cǎizhāi	[v.]		8
餐具	cānjù	[n.]		9
厕所	cèsuǒ	[n.]	[6级]	11
侧	cè	[v.]	[6级]	8
差异	chāyì	[n.]	[6级]	8
茶梗	chágěng	[n.]		8
茶水	cháshuǐ	[n.]		9
茶叶	cháyè	[n.]	[4级]	8
茶园	cháyuán	[n.]		8

岔开	chàkāi			12
拆开	chāikāi			11
馋	chán	[adj.]	[7-9级]	9
产业	chǎnyè	[n.]	[5级]	8
长沙	Chángshā	[p.n.]		12
超	chāo	[adv.]		10
吵架	chǎo jià		[3级]	7
撤	chè	[v.]	[7-9级]	11
晨会	chénhuì	[n.]		9
称	chēng	[v.]		8
成	chéng	[v.]	[6级]	11
成人	chéngrén	[n.]	[4级]	11
成型	chéngxíng	[v.]	[7-9级]	8
城区	chéngqū	[n.]	[6级]	10
程序	chéngxù	[n.]	[4级]	7
吃鸡	Chījī	[p.n.]		11
吃力	chīlì	[adj.]	[5级]	10
虫	chóng	[n.]		8
重逢	chóngféng	[v.]		9
重新	chóngxīn	[adv.]	[2级]	10
抽离	chōulí	[v.]		10
出餐	chū cān			9

出发口	chūfākǒu	[n.]		12
出锅	chū guō			9
出汗	chū hàn		[5级]	7
出现	chūxiàn	[v.]	[2级]	8
初	chū	[adv.]	[3级]	8
初冬	chūdōng	[n.]		11
初识	chūshí	[v.]		9
厨师	chúshī	[n.]	[6级]	7
处理	chǔlǐ	[v.]	[3级]	7
处	chù	[m.]	[4级]	7
穿越火线	Chuānyuè Huǒxiàn	[p.n.]		11
传	chuán	[v.]	[3级]	10
传菜	chuán cài			9
传承	chuánchéng	[v.]	[7-9级]	8
闯荡	chuǎngdàng	[v.]		7
创新	chuàngxīn	[v.]	[3级]	8
创造	chuàngzào	[v.]	[3级]	8
葱花饼	cōnghuābǐng	[n.]		9
从……来说	cóng……lái shuō			8
从容	cóngróng	[adj.]	[7-9级]	11
村庄	cūnzhuāng	[n.]	[6级]	8

D

答案	dá'àn	[n.]	[4级]	10
打包	dǎ bāo		[5级]	7
打不开	dǎbukāi			12
打价	dǎ jià			11
打卡	dǎ kǎ			7
打卤面	dǎlǔmiàn	[n.]		11
打拼	dǎpīn	[v.]		7
打扰	dǎrǎo	[v.]	[5级]	9
打扫	dǎsǎo	[v.]	[4级]	12
打招呼	dǎ zhāohu			9
大红袍	dàhóngpáo	[n.]		8
大件	dàjiàn	[n.]		7
大师	dàshī	[n.]	[6级]	8
大叔	dàshū	[n.]		11
大爷	dàye	[n.]	[4级]	9
待会儿	dāihuìr		[6级]	8
代	dài	[m.]	[3级]	8
带	dài	[v.]		12
带子	dàizi	[n.]	belt	10
袋	dài	[m.]	[4级]	8

袋子	dàizi	[n.]		8
戴	dài	[v.]	[4级]	11
单纯	dānchún	[adj.]	[4级]	11
单调	dāndiào	[adj.]	[4级]	9
当场	dāngchǎng	[adv.]	[5级]	10
当下	dāngxià	[n.]	[7-9级]	11
导航	dǎoháng	[v.]	[7-9级]	10
登机牌	dēngjīpái	[n.]		12
登录	dēnglù	[v.]	[4级]	11
等待	děngdài	[v.]	[3级]	8
滴灌	dīguàn	[v.]		12
底下	dǐxia	[n.]	[3级]	8
地服	dìfú	[n.]		12
地勤	dìqín	[n.]		12
地域	dìyù	[n.]	[7-9级]	8
点到	diǎndào	[v.]		9
电竞	diànjìng	[n.]		11
电影后期	diànyǐng hòuqī			9
店铺	diànpù	[n.]		7
店员	diànyuán	[n.]		11
鼎	dǐng	[n.]		8
订	dìng	[v.]	[3级]	11

东北	Dōngběi	[p.n.]		9
洞见	dòngjiàn	[v.]		8
抖开	dǒukāi			8
都市	dūshì	[n.]	[6级]	9
独特	dútè	[adj.]	[4级]	8
读书	dú shū			8
短暂	duǎnzàn	[adj.]	[7-9级]	7
段	duàn	[m.]	[2级]	11
锻炼	duànliàn	[v.]	[4级]	7
队	duì	[n.]	[2级]	8
对角	duìjiǎo	[n.]		11
对象	duìxiàng	[n.]	[3级]	12
多	duō	[adv.]		7
多大岁数	duō dà suìshu			11
多么	duōme	[pron.]	[2级]	8

E

摁	èn	[v.]		11
儿时	érshí	[n.]		11
二维码	èrwéimǎ	[n.]	[5级]	8

F

发达	fādá	[adj.]	[3级]	8
发挥	fāhuī	[v.]	[4级]	8
发酵	fā jiào		[7-9级]	8
发展	fāzhǎn	[v.]	[3级]	8
罚款	fá kuǎn		[5级]	9
反	fǎn	[v.]	[4级]	11
方式	fāngshì	[n.]	[3级]	10
房山	Fángshān	[p.n.]		7
放假	fàng jià			9
放学	fàng xué		[1级]	11
分	fēn	[m.]		8
分	fēn	[v.]		8
分拣	fēnjiǎn	[v.]		10
分离	fēnlí	[v.]	[5级]	7
分流	fēnliú	[v.]		12
分配	fēnpèi	[v.]		12
分享	fēnxiǎng	[v.]	[5级]	8
封装	fēngzhuāng	[v.]		7
凤凰	Fènghuáng	[p.n.]		10

扶持	fúchí	[v.]	[7-9级]	8
符号化	fúhàohuà	[v.]		9
富余	fùyu	[v.]		11

G

概念	gàiniàn	[n.]	[3级]	7
秆	gǎn	[n.]	[6级]	8
赶快	gǎnkuài	[adv.]	[3级]	8
赶上	gǎn shang		[6级]	8
感触	gǎnchù	[n.]	[7-9级]	11
感情	gǎnqíng	[n.]		11
刚好	gānghǎo	[adv.]		12
港口	gǎngkǒu	[n.]	[6级]	9
高才生	gāocáishēng	[n.]		7
高科技	gāokējì	[n.]	[6级]	8
隔壁	gébì	[n.]	[5级]	11
各色	gèsè	[adj.]		9
根本	gēnběn	[adv.]	[3级]	7
跟	gēn	[v.]		12
跟不上去	gēn bu shàngqù			12
耕耘	gēngyún	[v.]		8

工业	gōngyè	[n.]	[3级]	8
公寓	gōngyù	[n.]	[7-9级]	7
构建	gòujiàn	[v.]	[6级]	12
购买力	gòumǎilì	[n.]		11
古城	gǔchéng	[n.]		10
古老	gǔlǎo	[adj.]	[5级]	10
古镇	gǔzhèn	[n.]		10
谷雨	gǔyǔ	[n.]		8
拐弯儿	guǎi wānr		[7-9级]	12
拐走	guǎizǒu			7
关火	guān huǒ			11
关注	guānzhù	[v.]	[3级]	8
管不住	guǎnbuzhù			12
管理	guǎnlǐ	[v.]	[3级]	8
管制	guǎnzhì	[v.]		12
光华学院	Guānghuá Xuéyuàn	[p.n.]		9
光学传感器	guāngxué chuángǎnqì	[n.]		8
逛	guàng	[v.]	[4级]	11
归乡	guī xiāng			12
规定	guīdìng	[v.]	[3级]	7
规律	guīlǜ	[adj.]	[4级]	7
规模	guīmó	[n.]	[4级]	8

柜台	guìtái	[n.]	[7-9级]	11
锅圈儿	guōquānr	[n.]		9
过	guò	[v.]		11
过度	guòdù	[adj.]	[5级]	10
过节	guò jié		[7-9级]	9

H

害羞	hài xiū		[7-9级]	12
含义	hányì	[n.]	[4级]	10
杭州	Hángzhōu	[p.n.]		9
航空公司	hángkōng gōngsī			12
航站楼	hángzhànlóu	[n.]		12
好嘞	hǎo lei			9
好奇	hàoqí	[adj.]	[3级]	11
合作社	hézuòshè	[n.]	[7-9级]	8
痕迹	hénjì	[n.]	[7-9级]	9
横/宽条格本	héng/kuāntiáo géběn	[n.]		11
衡水	Héngshuǐ	[p.n.]		7
烘干	hōnggān		[7-9级]	8
红豆糕	hóngdòugāo	[n.]		9
红领巾	hónglǐngjīn	[n.]		11

后悔	hòuhuǐ	[v.]	[5级]	12
后来	hòulái	[n.]	[2级]	8
互动	hùdòng	[v.]	[6级]	12
互相	hùxiāng	[adv.]	[3级]	7
护栏	hùlán	[n.]		10
花香	huāxiāng	[n.]		8
化妆品	huàzhuāngpǐn	[n.]		7
画面	huàmiàn	[n.]	[5级]	8
环节	huánjié	[n.]	[5级]	8
幻想	huànxiǎng	[n.]		11
焕发	huànfā	[v.]	[7-9级]	8
黄片	huángpiàn	[n.]		8
回	huí	[m.]		12
回忆	huíyì	[v.]	[5级]	8
活不下去	huó bu xiàqù			7
活儿	huór	[n.]	[7-9级]	7
活生生	huóshēngshēng	[adj.]		12
活跃	huóyuè	[v.]	[6级]	8
火箭	Huǒjiàn	[p.n.]		8
伙伴	huǒbàn	[n.]	[4级]	11
货品	huòpǐn	[n.]		7
货物	huòwù	[n.]	[7-9级]	10

J

机器	jīqì	[n.]	[3级]	8
机械	jīxiè	[n.]	[6级]	8
机械化	jīxièhuà	[v.]		8
机子	jīzi	[n.]		8
吉祥	Jíxiáng	[p.n.]		12
急	jí	[adj.]	[2级]	10
集	jí	[m.]		12
记录	jìlù	[v.]	[3级]	11
技术	jìshù	[n.]	[3级]	8
技艺	jìyì	[n.]	[5级]	8
寄宿	jìsù	[v.]		12
家族	jiāzú	[n.]	[7-9级]	8
夹子	jiāzi	[n.]		8
坚守	jiānshǒu	[v.]	[7-9级]	8
肩膀	jiānbǎng	[n.]	[7-9级]	10
监事长	jiānshìzhǎng	[n.]		8
见证	jiànzhèng	[v.]	[7-9级]	8
件	jiàn	[m.]	[2级]	10
渐	jiàn	[adv.]		12
降临	jiànglín	[v.]	[7-9级]	7

交	jiāo	[v.]	[2级]	9
交流	jiāoliú	[v.]	[3级]	8
交往	jiāowǎng	[v.]	[3级]	12
郊区	jiāoqū	[n.]	[5级]	7
焦虑	jiāolǜ	[adj.]	[7-9级]	7
角	jiǎo	[n.]	[2级]	11
结实	jiēshi	[adj.]	[3级]	7
节目	jiémù	[n.]		12
今日头条	Jīnrì Tóutiáo	[p.n.]		11
尽快	jǐnkuài	[adv.]	[4级]	7
尽量	jǐnliàng	[adv.]	[3级]	12
劲儿	jìnr	[n.]		7
京东物流	Jīngdōng Wùliú	[p.n.]		10
经历	jīnglì	[v.]	[3级]	8
经营	jīngyíng	[v.]	[3级]	11
精品	jīngpǐn	[n.]	[6级]	9
精神	jīngshén	[n.]	[3级]	9
精致	jīngzhì	[adj.]	[7-9级]	9
酒吧一条街	jiǔbā yìtiáojiē			10
酒水	jiǔshuǐ	[n.]	[6级]	10
就餐	jiùcān	[v.]		9
就着	jiùzhe			11

拘泥	jūnì	[v.]		8
居民	jūmín	[n.]	[4级]	11
局限	júxiàn	[v.]	[7-9级]	12
具备	jùbèi	[v.]	[4级]	8
聚餐	jù cān			9
卷子	juànzi	[n.]	[7-9级]	11
绝对	juéduì	[adv.]	[3级]	7
军事	jūnshì	[n.]	[6级]	7

K

开发	kāifā	[v.]	[3级]	11
开阔	kāikuò	[adj.]	[7-9级]	8
开来	kāilái	[v.]		8
看成	kànchéng		[5级]	7
靠齐	kàoqí			11
科技	kējì	[n.]	[3级]	8
科学	kēxué	[n.]	[2级]	8
可	kě	[adv.]	[5级]	8
克	kè	[m.]	[2级]	8
空间	kōngjiān	[n.]	[4级]	12
空气	kōngqì	[n.]	[2级]	8

苦	kǔ	[adj.]	[4级]	8
夸张	kuāzhāng	[adj.]	[7-9级]	7
快档	kuàidǎng	[n.]		8
窥见	kuījiàn	[v.]		8
困扰	kùnrǎo	[v.]		7

L

来回	láihuí	[adv.]	[7-9级]	9
拦	lán	[v.]	[7-9级]	10
栏杆	lángān	[n.]	[7-9级]	10
懒	lǎn	[adj.]	[6级]	10
捞	lāo	[v.]	[7-9级]	8
勒	lēi	[v.]	[7-9级]	10
离不开	líbukāi		[4级]	9
离开	líkāi		[2级]	7
里头	lǐtou	[n.]	[2级]	11
理发	lǐ fà		[3级]	10
理发店	lǐfàdiàn	[n.]		10
理科生	lǐkēshēng	[n.]		10
理由	lǐyóu	[n.]	[3级]	12
例会	lìhuì	[n.]		9

连	lián	[adv.]	[3级]	8
联结	liánjié	[v.]		9
凉菜	liángcài	[n.]		9
两边	liǎngbiān	[n.]	[4级]	7
拎	līn	[v.]	[7-9级]	7
领域	lǐngyù	[n.]	[7-9级]	9
流利	liúlì	[adj.]	[2级]	11
流年	liúnián	[n.]		7
六月份	liù yuèfèn			7
卤肉饭	lǔròufàn	[n.]		7
鲁菜	lǔcài	[n.]		7
路过	lùguò	[v.]	[6级]	11
掠过	lüèguò			10
论文	lùnwén	[n.]	[4级]	11
洛阳	Luòyáng	[p.n.]		12
落地	luò dì		[7-9级]	12
旅游业	lǚyóuyè	[n.]		8

麻瓜	máguā	[n.]	11

麻酱	májiàng	[n.]		9
脉络	màiluò	[n.]	[7-9级]	8
满头大汗	mǎntóu dàhàn			7
漫画	mànhuà	[n.]		11
毛茶	máochá	[n.]		8
毛料	máoliào	[n.]		8
毛主席	Máo Zhǔxí	[p.n.]		12
媒体	méitǐ	[n.]	[3级]	8
朦胧	ménglóng	[adj.]	[7-9级]	12
免费	miǎn fèi		[4级]	9
面部	miànbù	[n.]	[7-9级]	7
明星	míngxīng	[n.]	[2级]	11
模糊	móhu	[adj.]	[5级]	7
磨	mó	[v.]	[6级]	12
魔法	mófǎ	[n.]		11
末年	mònián	[n.]		10
目光	mùguāng	[n.]	[5级]	12

南阳	Nányáng	[p.n.]	12

年末	niánmò	[n.]		12
年头	niántóu	[n.]		11
念书	niàn shū		[7-9级]	11
捏	niē	[v.]	[7-9级]	11
牛掰	niúbāi	[adj.]		11
农民	nóngmín	[n.]	[3级]	8
挪	nuó	[v.]	[7-9级]	7
女士	nǚshì	[n.]	[4级]	7

O

偶尔	ǒu'ěr	[adv.]	[5级]	12

P

爬	pá	[v.]	[2级]	7
拍照	pāi zhào		[4级]	7
排	pái	[m.]	[2级]	12
排	pái	[v.]	[2级]	9
抛去	pāoqù			9
泡茶	pào chá			8

赔钱	péi qián		[7-9级]	9
配菜间	pèicàijiān	[n.]		9
配送	pèisòng	[v.]	[7-9级]	10
皮儿	pír	[n.]	[3级]	11
片	piàn	[m.]	[2级]	8
贫乏	pínfá	[adj.]		11
频繁	pínfán	[adj.]	[5级]	12
品茶	pǐn chá			8
品牌	pǐnpái	[n.]	[6级]	11
品种	pǐnzhǒng	[n.]	[5级]	8
平凡	píngfán	[adj.]	[6级]	10
平和	pínghé	[adj.]	[7-9级]	10
普遍	pǔbiàn	[adj.]	[3级]	10
普通	pǔtōng	[adj.]	[2级]	8

Q

期待	qīdài	[v.]	[4级]	7
期许	qīxǔ	[v.]		7
企业	qǐyè	[n.]	[4级]	8
启程	qǐchéng	[v.]		12
起到	qǐdào			8

气针	qìzhēn	[n.]		11
迁移	qiānyí	[v.]	[7-9级]	7
签字	qiān zì	[v.]	[5级]	10
前功尽弃	qiángōng-jìnqì			8
前来	qiánlái	[v.]		9
前往	qiánwǎng	[v.]	[3级]	12
嵌入	qiànrù			7
枪	qiāng	[n.]	[5级]	11
强项	qiángxiàng	[n.]	[7-9级]	8
瞧	qiáo	[v.]	[5级]	12
亲身	qīnshēn	[adj.]	[7-9级]	8
青岛	Qīngdǎo	[p.n.]		12
青苔	qīngtái	[n.]		8
青铜	qīngtóng	[n.]		11
清朝	Qīngcháo	[p.n.]		10
清晰	qīngxī	[adj.]	[7-9级]	11
情结	qíngjié	[n.]		8
圈儿	quānr	[n.]	[7-9级]	10
圈子	quānzi	[n.]	[7-9级]	12
全托	quántuō	[v.]		12
缺乏	quēfá	[v.]	[5级]	11
缺课	quē kè			11

缺一不可	quē yī bù kě			8
确信	quèxìn	[v.]	[7-9级]	7
群体	qúntǐ	[n.]	[5级]	9

R

让	ràng	[v.]	[2级]	10
热身	rè shēn			7
人称	rén chēng			8
人工	réngōng	[n.]	[3级]	8
人类	rénlèi	[n.]	[3级]	12
人声鼎沸	rénshēng-dǐngfèi			9
人手	rén shǒu			12
认同	rèntóng	[v.]	[6级]	9
日子	rìzi	[n.]	[2级]	7
揉捻	róuniǎn	[v.]		8
肉桂	ròuguì	[n.]		8
如	rú	[v.]		8
如何	rúhé	[pron.]	[3级]	8

S

三龙护鼎	sānlóng-hùdǐng			8
扫地	sǎo dì			11
色选	sèxuǎn	[v.]		8
杀青	shāqīng	[v.]		8
晒黑	shàihēi			8
陕西	Shǎnxī	[p.n.]		9
擅长	shàncháng	[v.]	[7-9级]	8
上菜	shàng cài			9
上岗	shàng gǎng		[7-9级]	9
上海电机学院	Shànghǎi Diànjī Xuéyuàn	[p.n.]		12
上海虹桥国际机场	Shànghǎi Hóngqiáo Guójì Jīchǎng	[p.n.]		12
烧烤	shāokǎo	[n.]	[7-9级]	9
少先队员	shàoxiān duìyuán	[n.]		11
社会	shèhuì	[n.]	[3级]	7
身边	shēnbiān	[n.]	[2级]	8
身份	shēnfèn	[n.]	[4级]	8
身份证	shēnfènzhèng	[n.]		12
深意	shēnyì	[n.]	[5级]	10
生态	shēngtài	[n.]	[7-9级]	8

声	shēng	[m.]		9
剩余	shèngyú	[v.]	[7-9级]	10
失误	shīwù	[n.]	[5级]	8
师傅	shīfu	[n.]	[5级]	7
诗意	shīyì	[n.]		11
时代	shídài	[n.]	[3级]	7
识别	shíbié	[v.]	[7-9级]	8
使劲儿	shǐ jìnr		[4级]	11
始终	shǐzhōng	[adv.]	[3级]	7
驶向	shǐ xiàng			7
世代	shìdài	[n.]	[7-9级]	8
市委	shìwěi	[n.]		8
市政府	shìzhèngfǔ	[n.]	[4级]	8
视野	shìyě	[n.]	[7-9级]	11
是	shì	[v.]		7
收集	shōují	[v.]	[5级]	9
收银	shōuyín	[v.]		9
手下	shǒuxià	[n.]		10
手指	shǒuzhǐ	[n.]	[3级]	8
受	shòu	[v.]	[3级]	8
瘦	shòu	[adj.]	[5级]	11
疏离	shūlí	[v.]		9

疏远	shūyuǎn	[adj.]		12
树冠	shùguān	[n.]		8
树叶	shùyè	[n.]	[4级]	8
帅哥	shuàigē	[n.]	[4级]	7
爽	shuǎng	[adj.]	[6级]	10
水平	shuǐpíng	[n.]	[2级]	8
顺义	Shùnyì	[p.n.]		7
说破	shuōpò			12
丝	sī	[n.]	[7-9级]	8
思考	sīkǎo	[v.]	[4级]	12
思维	sīwéi	[n.]	[5级]	8
松懈	sōngxiè	[adj.]		7
苏州	Sūzhōu	[p.n.]		12
宿舍	sùshè	[n.]	[5级]	7
诉说	sùshuō	[v.]	[7-9级]	9
酸爽	suānshuǎng	[adj.]	[6级]	10
随时	suíshí	[adv.]	[2级]	7
随着	suízhe	[prep.]	[5级]	7
岁数	suìshu	[n.]	[6级]	11
锁	suǒ	[v.]	[5级]	11

T

台号	táihào	[n.]		9
台阶	táijiē	[n.]	[4级]	10
抬	tái	[v.]	[5级]	8
摊开	tānkāi			8
谈恋爱	tán liàn'ài			12
谈吐	tántǔ	[n.]		11
炭火	tànhuǒ	[n.]		8
躺	tǎng	[v.]	[4级]	7
套	tào	[m.]	[2级]	9
特派员	tèpàiyuán	[n.]		8
特有	tèyǒu	[adj.]	[5级]	11
提供	tígōng	[v.]	[4级]	7
体操	tǐcāo	[n.]	[4级]	11
天津	Tiānjīn	[p.n.]		11
天平秤	tiānpíngchèng	[n.]		8
田间	tiánjiān	[n.]		8
条索	tiáosuǒ	[n.]		8
笤帚	tiáozhou	[n.]		11
跳槽	tiào cáo		[7-9级]	11
跳绳	tiào shéng			11

停留	tíngliú	[v.]	[5级]	7
同质化	tóngzhìhuà	[v.]		9
铜仁凤凰机场	Tóngrén Fènghuáng Jīchǎng	[p.n.]		10
童年	tóngnián	[n.]		11
桶	tǒng	[n.]	[7-9级]	9
徒弟	túdi	[n.]	[6级]	8
团圆	tuányuán	[v.]	[7-9级]	9
退	tuì	[v.]	[3级]	8
托盘	tuōpán	[n.]		9
脱贫	tuō pín			8
陀螺	tuóluó	[n.]		11

洼儿	wār	[n.]		9
外地	wàidì	[n.]		12
外国语学院	wàiguóyǔ xuéyuàn			11
豌豆黄	wāndòuhuáng	[n.]		9
完不成	wánbuchéng			7
完结	wánjié	[v.]		12
玩具	wánjù	[n.]	[3级]	11

晚高峰	wǎngāofēng	[n.]	[6级]	7
王者	wángzhě	[n.]		11
王者荣耀	Wángzhě Róngyào	[p.n.]		11
网络	wǎngluò	[n.]	[4级]	8
围巾	wéijīn	[n.]	[4级]	11
唯一	wéiyī	[adj.]	[5级]	7
萎凋	wěidiāo	[v.]		8
位置	wèizhi	[n.]	[4级]	8
味道	wèidào	[n.]	[2级]	7
温暖	wēnnuǎn	[v.]	[3级]	8
温柔	wēnróu	[adj.]	[7-9级]	9
文科生	wénkēshēng	[n.]		10
闻	wén	[v.]	[2级]	9
稳定	wěndìng	[adj.]	[4级]	7
我去	wǒ qù			11
污染	wūrǎn	[v.]	[5级]	8
五星红旗	Wǔxīng-Hóngqí	[p.n.]		11
武夷山	Wǔyí Shān	[p.n.]		8
侮辱	wǔrǔ	[v.]	[7-9级]	11

X

西装	xīzhuāng	[n.]	[5级]	12
媳妇	xífù	[n.]	[7-9级]	12
洗衣机	xǐyījī	[v.]	[2级]	10
系	xì	[n.]	[3级]	7
细节	xìjié	[n.]	[4级]	9
下订单	xià dìngdān			10
下一步	xià yí bù			7
现代	xiàndài	[n.]		9
现实	xiànshí	[n.]	[3级]	7
现象	xiànxiàng	[n.]	[3级]	10
乡村	xiāngcūn	[n.]	[5级]	8
乡间	xiāngjiān	[n.]		8
乡土	xiāngtǔ	[n.]		9
相	xiāng	[adv.]		8
相守	xiāngshǒu	[v.]		9
香	xiāng	[adj.]	[3级]	8
香港	Xiānggǎng	[p.n.]		9
镶入	xiāngrù			10
响铃	xiǎng líng			7
想念	xiǎngniàn	[v.]	[4级]	11

向右看齐	xiàng yòu kànqí			9
巷	xiàng	[n.]		11
象征	xiàngzhēng	[v.]	[5级]	11
消化	xiāohuà			9
消逝	xiāoshì	[v.]		9
小卖部	xiǎomàibù	[n.]		11
小区	xiǎoqū	[n.]	[7-9级]	7
小鲜肉	xiǎoxiānròu	[n.]		12
小型	xiǎoxíng	[adj.]	[4级]	8
效果	xiàoguǒ	[n.]	[3级]	8
效率	xiàolǜ	[n.]	[4级]	8
协助	xiézhù	[v.]	[6级]	12
卸货	xiè huò			10
卸下	xièxià			9
心灵	xīnlíng	[n.]	[6级]	7
心情	xīnqíng	[n.]	[2级]	7
新生	xīnshēng	[n.]	[7-9级]	8
行李	xíngli	[n.]	[3级]	7
形形色色	xíngxíngsèsè	[adj.]	[7-9级]	9
兄弟	xiōngdì	[n.]	[4级]	10
休整	xiūzhěng	[v.]		8
修	xiū	[v.]	[3级]	8

学区房	xuéqūfáng	[n.]		11
学业	xuéyè	[n.]	[7-9级]	7
学院	xuéyuàn	[n.]	[1级]	7
寻常	xúncháng	[adj.]	[7-9级]	10
寻找	xúnzhǎo	[v.]	[4级]	10
迅速	xùnsù	[adj.]	[4级]	11

延误	yánwù	[v.]	[7-9级]	12
岩茶	yánchá	[n.]		8
研发	yánfā	[v.]	[6级]	8
研究生	yánjiūshēng	[n.]	[4级]	7
研究所	yánjiūsuǒ	[n.]	[5级]	8
羊排	yángpái	[n.]		9
羊蝎子	yángxiēzi	[n.]		9
邀请	yāoqǐng	[v.]	[5级]	11
摇散	yáosǎn			8
遥遥无期	yáoyáo wúqī			9
药店	yàodiàn	[n.]	[2级]	10
要是	yàoshì	[conj.]	[3级]	7

也好	yěhǎo	[part.]	[5级]	10
夜幕	yèmù	[n.]		7
夜色	yèsè	[n.]		12
一系列	yíxìliè	[adj.]	[7-9级]	7
一年四季	yì nián sì jì			9
一行	yìxíng	[n.]	[6级]	7
仪式	yíshì	[n.]	[6级]	12
异地恋	yìdìliàn	[n.]		12
易安音乐社	Yì'ān Yīnyuèshè	[p.n.]		12
驿站	yìzhàn	[n.]		7
饮品	yǐnpǐn	[n.]		9
营业	yíngyè	[v.]	[4级]	9
影响	yǐngxiǎng	[n.]	[2级]	8
影子	yǐngzi	[n.]	[4级]	10
勇士	Yǒngshì	[p.n.]		8
忧伤	yōushāng	[adj.]		7
悠闲	yōuxián	[adj.]	[7-9级]	10
悠悠球	yōuyōuqiú	[n.]		11
由于	yóuyú	[prep.]	[3级]	7
游荡	yóudàng	[v.]		11
游牧	yóumù	[v.]		7
游牧者	yóumùzhě	[n.]		9

有爱	yǒu'ài	[adj.]		12
有道理	yǒu dàolǐ			8
有机	yǒujī	[adj.]	[7-9级]	8
有趣	yǒuqù	[adj.]		12
有损	yǒusǔn	[v.]		11
幼儿园	yòu'éryuán	[n.]	[4级]	11
予	yǔ	[v.]		11
原因	yuányīn	[n.]	[2级]	7
原子	yuánzǐ	[n.]		9
圆	yuán	[adj.]	[4级]	8

Z

在场	zàichǎng	[v.]	[5级]	11
早读	zǎodú	[n.]		7
早预备	zǎoyùbèi	[n.]		7
造就	zàojiù	[v.]	[7-9级]	10
占课	zhàn kè			11
张家界	Zhāngjiājiè	[p.n.]		10
长个儿	zhǎng gèr			11
丈量	zhàngliáng	[v.]		10

折腾	zhēteng	[v.]	[7-9级]	7
这样子	zhèyàngzi	[pron.]		7
震惊	zhènjīng	[adj.]	[5级]	8
整	zhěng	[adj.]	[3级]	8
正	zhèng	[adv.]	[3级]	7
正好	zhènghǎo	[adv.]	[2级]	7
正品	zhèngpǐn	[n.]		8
正式	zhèngshì	[adj.]	[3级]	9
证明	zhèngmíng	[v.]	[3级]	11
证书	zhèngshū	[n.]	[5级]	11
之中	zhī zhōng		[5级]	7
支付宝	Zhīfùbǎo	[p.n.]		8
织起	zhīqǐ			10
直	zhí	[adj.]	[3级]	8
值	zhí	[v.]	[3级]	7
职业	zhíyè	[n.]	[3级]	7
指引	zhǐyǐn	[v.]		12
制	zhì	[v.]		8
制作	zhìzuò	[v.]	[3级]	8
致以	zhìyǐ	[v.]		12
智慧	zhìhuì	[n.]	[6级]	8

中国东方航空	Zhōngguó Dōngfāng Hángkōng	[p.n.]		12
中型	zhōngxíng	[adj.]	[7-9级]	8
中药	zhōngyào	[n.]	[5级]	10
中医	zhōngyī	[n.]	[2级]	10
种	zhòng	[v.]	[3级]	8
周遭	zhōuzāo	[n.]		12
主任	zhǔrèn	[n.]	[3级]	12
主题	zhǔtí	[n.]		8
煮饭	zhǔ fàn			11
煮面	zhǔ miàn			11
驻足	zhùzú	[v.]		7
抓住	zhuāzhù		[3级]	8
专柜	zhuānguì	[n.]	[7-9级]	12
转弯儿	zhuǎn wānr		[4级]	8
转	zhuàn	[v.]		8
装	zhuāng	[v.]	[2级]	7
装袋	zhuāng dài			8
装修	zhuāngxiū	[v.]	[4级]	10
状态	zhuàngtài	[n.]	[3级]	7
追	zhuī	[v.]	[3级]	8
追星	zhuīxīng	[v.]		12

子女	zǐnǚ	[n.]		11
自动	zìdòng	[adv.]	[3级]	12
自拍	zìpāi	[v.]		7
自由	zìyóu	[adj.]	[2级]	7
自在	zìzài	[adj.]	[6级]	10
自助	zìzhù	[v.]	[7-9级]	12
走访	zǒufǎng	[v.]		8
足疗	zúliáo	[n.]		9
祖父	zǔfù	[n.]	[6级]	8
(祖)太公	(zǔ) tàigōng	[n.]		10
左右	zuǒyòu	[n.]		8
坐满	zuòmǎn			9
做客	zuò kè		[3级]	11
做青	zuòqīng	[v.]		8
做卫生	zuò wèishēng			11

扫码观看全书配套资源